LA BATAILLE

DE

MONS-EN-PÈVELE

(18 Août 1304)

PAR

l'Abbé Jules HÉRENT

Ouvrage orné de deux cartes hors texte.

LILLE
IMPRIMERIE LEFEBVRE-DUCROCQ

1904

LA BATAILLE
DE
MONS-EN-PÈVELE

LE ROI PHILIPPE LE BEL EN COSTUME DE GUERRE

LORS DE SON ENTRÉE A PARIS APRÈS LA VICTOIRE DE MONS-EN-PÉVELE

Statue équestre placée dans le chœur de Notre-Dame de Paris et détruite en 1772.

(D'après la Cosmographie universelle de Thévenet en 1575.)

LA BATAILLE

DE

MONS-EN-PÈVELE

(18 Août 1304)

PAR

l'Abbé Jules HÉRENT

Ouvrage orné de deux cartes hors texte.

LILLE
IMPRIMERIE LEFEBVRE-DUCROCQ

1904

BIBLIOGRAPHIE

AUTEURS ET OUVRAGES CITÉS

Annales Gandenses. — V. FUNCK-BRENTANO.

BOUQUET (Dom). *Recueil des historiens des Gaules et de la France jusqu'en 1328*. Paris, 1738-1833, 19 vol. in-fol. — Continué par l'Académie des Inscriptions et Belles-Lettres. Paris, 1840-76, t. xx-xxiii, in-fol.

BOUTARIC (Edgard). *La France sous Philippe le Bel*. Paris, 1861, in-8.

BRASSART (Fel.). *Les armes de Douai et la bataille de Mons-en-Pévèle* (Extrait du *Compte rendu des travaux du Congrès archéologique et historique de Mons*, 1894). Mons, 1896, in-8.

Chronicon Comitum Flandrensium, dans DE SMET I.

Chronique Artésienne. (Auteur anonyme dit l'ARTÉSIEN), dans DE SMET IV.

DELPECH (H.). *La tactique militaire au XIIIe siècle*. Paris, 1886, 2 vol. in-8.

DE SMET (J.-J.). *Corpus chronicorum Flandriæ*. Bruxelles, 1837-45, 4 vol. in-4° (dans la *Collection des Chroniques belges inédites*).

FUNCK-BRENTANO (Frantz). *Philippe le Bel en Flandre*. Paris, 1897, in-8.

FUNCK-BRENTANO (Frantz). *Mémoire sur la bataille de Courtrai et les chroniqueurs qui en ont traité*, extrait des

Mémoires de l'Académie des Inscriptions et Belles-Lettres (*Savants étrangers*), (X, 235-326). Paris, 1894, in-8.

Funck-Brentano (Frantz). *Annales Gandenses*, nouvelle édition (dans la *Collection de textes pour servir à l'étude et à l'enseignement de l'histoire*). Paris, 1896, in-8. (Les *Annales Gandenses* ont été écrites en 1308 par un cordelier gantois, dit le Minorite).

Geoffroy de Paris, dans Dom Bouquet XXII.

Guiart (Guillaume), dans Dom Bouquet XXII.

Kervyn de Lettenhove. *Histoire de Flandre*. Bruxelles, 1847-50, 6 vol. in-8.

Kœhler (G.). *Die Entwickelung des Kriegswesens und der Kriegführung in der Ritterzeit von mitte des XI. Jahrhunderts bis zu den Hussitenkriege*. Breslau, t. II, 1886, in-8.

Le Glay (Edw.). *Histoire des comtes de Flandre*. Paris, 1843, 2 vol. in-8.

Li Muisis (Gilles). *Grande chronique* dans De Smet II.

Saint-Victor (Jean de), dans Dom Bouquet XXI.

LA BATAILLE DE MONS-EN-PÈVELE

CHAPITRE PREMIER

LA FLANDRE A LA FIN DU XIIIe SIÈCLE [1]

Frontières.

On peut dire que le comté de Flandre, à la fin du XIIIe siècle, comprenait ce qui constitue actuellement, en Belgique, les provinces de Flandre orientale et de Flandre occidentale, et en France, les arrondissements de Dunkerque, d'Hazebrouck et de Lille et une partie de l'arrondissement de Douai. Il était borné à l'ouest par le comté d'Artois, au sud par l'Ostrevent et le comté de Hainaut, à l'est par le Hainaut et le duché de Brabant, au nord par la mer du Nord et la Zélande. L'Escaut formait sensiblement toute sa frontière est. Cependant, au nord du confluent de la Scarpe, le comté de Flandre était séparé de l'Escaut par l'épaisseur du *Tournaisis*, pays relevant directement de la Couronne de France.

Huit mille kilomètres carrés, c'est-à-dire un peu plus qu'un

---

[1]. Consulter *Frantz Funck-Brentano* : **Philippe le Bel en Flandre**. — Nous devons beaucoup à cet auteur pour la première partie de ce travail. Nous ne pouvions en effet trouver de maître plus autorisé, ni de critique plus sûr. — Pour la bataille de Mons-en-Pèvele elle-même, le savant ouvrage de M. le Gén. Kœhler : *Die Entwickelung des Kriegswesens*... nous a rendu grand service. Mais nous avons eu recours avant tout aux chroniques contemporaines et presque uniquement à celles dont M. Funck-Brentano a fait connaître la valeur exceptionnelle, à savoir : la *Chronique Artésienne*, les *Annales Gandenses*, et la Chronique rimée de *Guillaume Guiart*.

département français, soixante-six fois moins que la France actuelle, moins que le tiers de la Belgique, voilà les dimensions de ce pygmée qui a tenu si longtemps en échec la première puissance de l'Europe. On comprend la curiosité sympathique qui s'attache à l'histoire d'un tel peuple.

La Flandre vis-à-vis de la France.

Des liens très étroits unissaient la Flandre à la France. La Flandre en effet était une *province française*. Pour s'en rendre compte, il est nécessaire de remonter à l'origine de la féodalité.

Sous les Carlovingiens, les rois de France gouvernaient le pays tout entier par eux-mêmes, se contentant de se faire aider par leurs comtes, ducs ou barons, qui administraient les provinces, au nom du roi, à la manière des préfets et des sous-préfets actuels.

Mais peu à peu, les charges des grands administrateurs devinrent héréditaires en même temps que leurs attributions grandissaient, au point qu'ils furent bientôt de véritables rois dans leurs provinces, et n'ayant plus que des rapports éloignés et précaires avec le roi de France, leur souverain.

Néanmoins si les rois avaient ainsi peu à peu abdiqué leur puissance aux mains de leurs grands vassaux, ils avaient eu bien soin de maintenir intact le principe de leur souveraineté primitive et, chaque fois que le comté ou le duché perdait son comte ou son duc, le successeur était tenu à une cérémonie par laquelle il se reconnaissait le débiteur du roi et lui promettait, en revanche, une fidélité à toute épreuve. Cette cérémonie s'appelait l'*hommage* du *vassal* envers son *suzerain*. Mieux qu'une cérémonie, l'hommage était un engagement à certains devoirs précis, comme le service militaire, au moins limité, des aides et le service de justice. Souvent même le vassal s'engageait, par l'*hommage lige*, plus étroitement encore, car il avait alors l'obligation de prendre les armes, à ses frais, toutes les fois qu'il en était requis par son suzerain et de le défendre partout, envers et contre tous. A son tour le roi était obligé de respecter l'indépendance de son vassal, de lui rendre justice devant son tribunal, lorsqu'il en était requis ; de protéger sa personne et de le défendre envers et contre tous dans la possession de son fief.

Le comte de Flandre était l'homme-lige du roi de France. Voici pourquoi :

Le traité de Verdun, en 843, partagea l'empire de Charlemagne entre les fils de Louis le Débonnaire. La Flandre entra dans la part de Charles le Chauve. Mais vingt ans après, ce dernier la céda, moyennant les conditions de l'hommage, à Baudouin Bras de Fer, qui avait épousé la fille du roi. Jusqu'alors le comté de Flandre avait relevé directement de la couronne française ; depuis *il en releva par un intermédiaire*.

Les rois de France ne cessèrent de demander aux comtes de Flandre le serment de vasselage et parmi les comtes de Flandre, nul ne le refusa. C'est ainsi que le roi d'Angleterre, Henri Ier, convenait en 1101 que le comte de Flandre n'aurait pu se dispenser, sous peine de perdre sa couronne, de suivre le roi de France en Angleterre, si celui-ci eût tenté d'y faire une descente.

Voici le serment que prêta, en 1212, Ferrand, ce fameux comte de Flandre, fait prisonnier deux ans plus tard à la bataille de Bouvines: « Je fais savoir à tous que je suis homme-lige de mon très illustre seigneur le roi de France, contre tous, hommes ou femmes, qui puissent vivre et mourir. Je lui ai juré que je lui ferai service fidèle et loyal aussi longtemps qu'il voudra me faire droit en sa cour ; et s'il advenait que je faillisse, je consens à ce que tous mes hommes, tant barons et chevaliers que peuple des villes et bourgs, se lèvent contre moi en aide au Roi. Je veux que lesdits barons et chevaliers et autres en fassent serment au Roi et lui en donnent seurtés. Et s'il en était un qui refusât ce serment, je lui ferais tout le mal que je pourrais, ne lui laissant paix ni trêve, si ce n'est par la volonté et le bon plaisir du Roi. » Ce serment était celui de tous les comtes de Flandre.

En 1276, le comte Gui de Dampierre, en personne, traça aux villes de Flandre la formule du serment qu'elles devaient prêter entre les mains des envoyés de la couronne française: « Nous jurons que si notre sire Gui, comte de Flandre et marquis de Namur, venait à s'écarter des conventions passées entre lui et notre sire le Roi, nous ne prêterions au dit comte conseil ni secours, mais soutiendrions notre sire le Roi, de tout notre pouvoir, jusqu'à ce que l'affaire eût été jugée en cour royale, devant le tribunal des pairs de France. »

En somme la Flandre, de droit, était une province française, de fait elle était comme un pays étranger qui aurait été lié à la France par un traité d'alliance offensive et défensive.

Les rois de France voulaient mieux que cela. La faiblesse des Carlovingiens et les nécessités de la défense avaient morcelé le royaume; leurs successeurs entreprirent de reconstituer l'unité nationale. Sous les premiers Capétiens le domaine royal, *relevant directement de la couronne*, ne se composait que de l'Ile de France.

A l'avènement de Philippe le Bel (1285), il s'étendait déjà au nord jusqu'à la Manche; à l'est jusqu'à l'Escaut, la Meuse et la Saône; il touchait l'Océan à l'ouest, et atteignait au sud la Méditerranée et les Pyrénées. Cependant il restait beaucoup à faire. La Bretagne, la Champagne, la Bourgogne, la Guyenne, la Gascogne et la Flandre, pour ne parler que des plus grands fiefs, étaient encore à reconquérir.

En attendant, la politique des rois travaillait à y étendre leur influence au détriment des seigneurs.

Le roi de France, en sa qualité de suzerain, avait le pouvoir de citer le comte de Flandre devant la cour des pairs de France et de recevoir les appels de ses vassaux. Ainsi vit-on les chevaliers flamands chercher plus d'une fois, auprès du roi de France, un appui contre le comte. Ces appels étaient reçus au Parlement de Paris. Et si l'on remarque qu'un sujet du comte de Flandre, se trouvant en appel au Parlement, était, par le fait, soustrait à l'autorité de son suzerain, il est aisé de voir combien le roi était intéressé à favoriser ces appels. Aussi il n'y manqua pas.

En outre, cette juridiction parlementaire autorisait le roi à faire parcourir la France par ses sergents royaux, hommes tout à sa dévotion, qui ne se contentaient pas de s'occuper des cas de ressort ou de souveraineté appartenant au roi de France, mais de mille affaires diverses, protégés qu'ils étaient par le prestige de l'autorité royale.

C'est ainsi que, peu à peu, la couronne française étendait son action et son influence sur les sujets du comte de Flandre.

Entre les sujets des deux pays, les rapports étaient nombreux.

La cour des comtes de Flandre s'était formée sur le modèle de la cour française ; c'étaient mêmes titres, même cérémonial, même hiérarchie.

La noblesse française et la noblesse flamande se mêlaient par de fréquents mariages. Les chevaliers flamands accompagnaient les seigneurs français dans les guerres lointaines. Les étudiants venaient en grand nombre à l'Université de Paris, dont les chaires étaient parfois occupées par des maîtres flamands.

Les marchands du pays accouraient aux foires de Champagne, qui constituaient alors le principal débouché pour les produits de l'industrie flamande.

Le croira-t-on ? A la fin du XIIIe siècle le français était parlé en Flandre presque autant qu'aujourd'hui. Et ce qui prouve que cette langue n'y avait pas été une importation artificielle, c'est que le français qu'on y parlait était le dialecte picard. Il avait donc pénétré dans le peuple au contact des populations de la France septentrionale.

Des liens plus forts encore rattachaient au XIIIe siècle la Flandre à la France. Les sujets des deux pays, unis les uns aux autres, versaient leur sang dans des combats presque journaliers contre des ennemis communs. Les gouvernements étaient impuissants à faire la police des mers. Entre marins et pêcheurs de différents pays ce n'étaient que massacres et pillages. Peu à peu se formèrent sur l'Océan deux grands partis en guerre constante : les Anglais alliés aux Gascons, d'une part, les Flamands unis aux Français de l'autre.

Cette sympathie entre Flamands et Français était si vive, si vive aussi l'antipathie des Flamands pour les Anglais, que malgré les guerres où Flamands et Français s'étaient déchirés cruellement, Jacques Van Arteveld, voulant entraîner ses concitoyens dans l'alliance anglaise, n'y réussira qu'après avoir persuadé à Edouard III de prendre aux yeux des Flamands, le titre de roi de France. Ce jour seulement la Flandre lui rendra hommage, car c'est envers le roi de France qu'elle se sent liée, et dans la personne du monarque anglais, c'est encore le roi de France qu'elle accueillera triomphalement.

Prospérité du commerce et de l'industrie.

C'est avec une admiration unanime que les historiens parlent de la prospérité que la Flandre atteignit au XIIIe siècle : culture sans rivale à la campagne, prodigieux développement du commerce et de l'industrie dans les villes.

A une époque où l'usage de la boussole n'était guère répandu, où les pirates rançonnaient impunément les navires chargés, les marchands n'osaient s'aventurer dans des plages lointaines. On longeait les côtes et il fallait de longs mois de navigation pour de petits parcours. Par sa situation, la Flandre avait chance de devenir l'entrepôt du commerce de l'univers. Placée entre la France, l'Allemagne et l'Angleterre, elle était le centre des communications entre l'orient et l'occident, le nord et le midi. C'est Bruges qui devint le port de concentration générale.

La ville de Bruges était reliée à la mer par une branche de l'Escaut aujourd'hui ensablée et dans laquelle s'ouvrait, aux portes mêmes de Bruges, le port de *Damme*. C'est ce port merveilleux que chante Guillaume le Breton, le poète de Philippe-Auguste :

> Speciosus erat Dam nomine vicus
> Lenifluis jucundus aquis atque ubere glebæ
> Proximitate maris, portuque, situque superbus.

Ce port, par un admirable système de canaux, communiquait avec les principales foires du pays. De grandes machines, dignes de l'industrie moderne, enlevaient et transportaient les navires tout chargés d'une section de canal dans l'autre.

A Bruges se rencontraient les marchands d'Angleterre, de Suède, d'Aragon et d'Italie. Les vaisseaux aux lourdes voiles amenaient d'Angleterre la laine, le plomb, l'étain, le charbon de terre et le fromage, d'Irlande la laine et le cuir ; de Norvège les faucons dressés pour la chasse et les cuirs de bouc dont on faisait le cordouan ; de Danemark, les chevaux, le hareng et le cochon fumés ; de Suède venaient les fourrures précieuses, le vair et le gris ; des mines de Hongrie l'or et l'argent ; d'Allemagne le vin rhénois et le fer ouvragé ; de Bulgarie l'hermine et la martre zibeline. Les sept royaumes d'Espagne, Navarre, Aragon, Castille, Léon, Andalousie, Grenade et Galice, envoyaient les cuirs de Cordoue, les toiles robustes dans lesquelles on taillait les voiles des grands navires, l'huile d'olive, la soie, les figues et le raisin ; et des côtes d'Afrique, des royaumes de Fez, de Maroc, de Bougie, de Tunis, d'Asie-Mineure, de Constantinople, d'Égypte, de la « mer des Arènes » c'est-à-dire du Sahara, étaient apportées les dattes, les figues de Barbarie, le sucre, l'alun, le poivre et les épices, et l'on y voyait des draps d'or et de soie qui venaient du fond de la Tartarie.

Le commerce du pays de Flandre se faisait principalement avec la France et l'Angleterre. De France venaient le vin, le blé et le miel de Narbonne, alors aliment de première nécessité ; c'étaient les aliments de la vie quotidienne. D'Angleterre venait la laine, c'est-à-dire la matière première indispensable à la florissante industrie, source de la grandeur nationale, *l'industrie drapière.*

Les draps de Flandre étaient déjà célèbres dans l'antiquité. Leur exportation prit la plus grande extension après la croisade de Constantinople, si bien qu'à la fin du XIIIe siècle l'Europe entière était tributaire de la Flandre pour la fabrication des draps. La fabrication des étoffes de laine et la teinturerie occupaient dans les grandes villes des milliers d'ouvriers. Ni la laine des nombreux troupeaux élevés dans les plaines de la Flandre et de la Hesbaye, ni les brebis normandes de l'Ostrevent et de l'Artois, ni la laine dont on s'approvisionnait aux foires de Champagne ne pouvaient suffire ; les Flamands demandaient à l'Angleterre la presque totalité de sa production. Or la laine était si commune en Angleterre, qu'on l'employait au lieu d'argent pour payer les impôts. C'était, comme l'appelle un document du temps, le « souverain trésor du pays. »

Ce qui avait valu aux draps de Flandre cette universelle renommée, c'était l'application rigoureuse d'une réglementation très minutieuse et très sage ayant pour but principal de n'offrir à la vente que des produits d'une fabrication irréprochable.

Dans ces règlements, les procédés de fabrication, la nature et la qualité des produits sont déterminés jusque dans les moindres détails. Défense de mêler, dans la fabrication des draps, des laines de qualités différentes, défense de mêler la laine et le lin. La disposition et la grandeur des métiers, le nombre des fils sont fixés d'une manière précise ainsi que la grandeur et l'épaisseur des draps. Les règlements des teinturiers prescrivent exactement la qualité du pastel, de la garance, des écorces d'aulne, la nature des cendres et des autres matières à employer, etc., etc.

Un autre moyen qu'employait également la législation pour assurer l'excellence du travail, c'était la moralisation de l'ouvrier. L'ouvrier n'est admis dans les corps de métier qu'après avoir juré de contribuer de tout son pouvoir à maintenir la corporation dans la grâce de Dieu et de servir le comte de tout son cœur, de tout son sang et de tout son bien. Si on l'avertit qu'en se rendant coupable de quelque délit ou seulement de mauvaises mœurs, il sera immédiatement exclu de la corporation ; on lui promet aussi, s'il est loyal et probe, d'entourer de soins sa vieillesse et ses infirmités.

Ce mouvement du commerce et de l'industrie avait rendu les cités flamandes les plus florissantes de l'Europe. Gand et Ypres comptaient alors 200.000 habitants chacune, Bruges, 150.000. Ces cités resplendissaient d'éclat et de luxe. Lors du voyage de Philippe le Bel, en 1301, la reine, traversant les rues de Bruges, fut éblouie du luxe que la ville avait déployé pour faire honneur à ses augustes visiteurs. Toutes les maisons y étaient couvertes d'ornements précieux ; sur des estrades, auxquelles étaient suspendues les tapisseries les plus riches, se pressaient les dames de Bruges couvertes d'habits somptueux et de bijoux étincelants. « Est-ce possible ? s'écria Jeanne de Navarre, je croyais être ici la seule reine et j'en aperçois six cents ! » C'est à cette époque qu'on bâtit ces somptueux monuments, œuvres de l'orgueil municipal, le plus bel ornement des cités flamandes, qui élèvent au-dessus de la plaine leurs façades historiées, dont chaque pierre dit la fierté, l'opulence, la puissance des villes qui les ont construites. Aujourd'hui encore, lorsque nos regards se reposent sur les halles de Bruges et surtout sur celles d'Ypres qui égalent par la grandeur de leurs dimensions la majesté des cathédrales, nous y trouvons écrites, en caractères ineffaçables, la grandeur et la puissance des corps de métier et des communes. La vie du commerce et de l'industrie s'en est retirée ; mais, dans le silence de ces vastes ruines, plane encore toute la majesté des souvenirs de cette grande époque.

Cinq villes dominaient tout le pays, à savoir : Bruges, Gand, Ypres, Lille et Douai, et elles avaient sur toutes les autres une telle suprématie qu'elles ne tardèrent pas à diriger la politique extérieure, surveiller l'administration générale, traiter avec l'étranger, décider et conduire les expéditions guerrières. Mais aussi, abusant de leurs forces, on les vit bien vite opprimer les petites villes, jalouses qu'elles étaient de se réserver le monopole de leurs industries fort productives.

A cette époque, en effet, l'idée de patrie n'existait pas parmi les populations. Dans la pensée de la noblesse féodale, les sentiments que nous appelons aujourd'hui *patriotiques* se confondaient entièrement avec la fidélité et le dévouement au suzerain, dans la pensée des populations urbaines, avec l'orgueil municipal et l'amour de la cité. Le sentiment dominant de la vie publique au moyen âge, c'est l'égoïsme municipal. L'œil d'un bourgeois ne voyait pas au delà de l'enceinte de sa ville, et son esprit ne songeait pas à une solidarité qui lierait les différentes villes du pays pour le bien commun. Heureux et fier de la prospérité de sa ville natale, il n'éprouvait que jalousie pour celles des cités voisines dont la grandeur était pour lui objet de haine et d'envie. (*Funck-Brentano*).

C'est donc bien à tort qu'on considèrerait comme traîtres à la patrie ceux, parmi les Flamands, qui pendant la guerre s'enrôlèrent dans l'armée française. « Le roi de France est notre premier suzerain : à lui est dû le dévouement de ses vassaux. » Ainsi raisonnait la noblesse flamande ; et pendant fort longtemps elle resta fidèle au roi de France. « Notre ville ou notre parti, au triomphe duquel — comme le croient tous les partis — est attaché le triomphe du bien public, a-t-il intérêt à tenir pour ou contre le roi ? » Voilà la question que se posait le peuple de chaque ville, et, selon la réponse qu'il croyait entendre dans sa conscience, il considérait les Français comme des libérateurs qu'il fallait aider, ou comme des oppresseurs à combattre. Ces hésitations, ces opinions successives et ces divisions ne purent que nuire sans doute à la cause flamande, mais beaucoup étaient sincères et leur dévouement incontestable.

La lutte des classes.

Le règlement des corporations, dont nous avons plus haut loué la sagesse, n'avait pas seulement eu en vue de conserver à la fabrication des draps sa réputation de loyauté et de supériorité, mais aussi de maintenir l'égalité entre les citoyens d'une même ville comme entre les enfants d'une même famille. Protéger tout homme de travail contre les empiètements des plus forts et des plus habiles et surtout contre les entreprises de la spéculation, telle est la grande pensée du législateur. Chaque ouvrier doit avoir sa place au soleil, mais cette place a des limites fixes et rigides qui l'empêcheront de déborder sur celles de ses voisins. Impossible à un ouvrier ou à un patron de réaliser plus de bénéfices que son confrère.

Néanmoins, cette législation ne tarda pas à se trouver en défaut ; et cette égalité tant désirée aboutit, au XIIIe siècle, à une inégalité flagrante qui devint bientôt insupportable. En effet, le législateur, qui avait si bien réglementé la production, avait oublié le négoce. Les produits s'accumulèrent, et il se forma un grand mouvement commercial pour les écouler au dehors des murs de la cité, ou pour y introduire les matières premières. L'importance des hommes qui se chargèrent de ce négoce grandit à mesure que la prospérité de la cité grandissait. Les négociants, que la loi laissait libres, donnèrent à leurs établissements des proportions colossales, et ils acquirent une telle fortune que plusieurs d'entre eux purent, en moins de vingt-cinq ans, prêter quatorze fois des sommes considérables au comte de Flandre. Ils formèrent bientôt dans les cités une véritable noblesse marchande et une vraie caste. Afin de se réserver plus sûrement le monopole du grand commerce, dont ils tiraient de si beaux profits, les gros négociants se réunirent en associations qui s'attribuèrent aussitôt des privilèges excessifs.

La principale de ces associations était la *hanse de Londres.* Elle comprenait les négociants de dix-sept villes de Flandre. Contre eux toute concurrence individuelle devint impossible. Une démarcation profonde s'établit dès lors entre ces grands commerçants et le commun peuple, comprenant les petits boutiquiers et la foule immense des artisans ; les premiers ayant tout en mains pour s'enrichir ; les autres, ayant bien leur pain assuré, mais restant dans l'impossibilité de sortir de leur modeste condition.

La classe aristocratique ne pouvait manquer non plus de s'arroger un autre monopole, celui du gouvernement municipal. Dans le plus grand nombre de villes, les membres de la classe ouvrière étaient formellement exclus de l'échevinage par les statuts municipaux. Ailleurs, comme à Douai, ceux de la classe pauvre qui arrivaient à être échevins marchaient à la remorque des patriciens.

Or, il faut bien savoir que, à cette époque, les communes affranchies s'administraient elles-mêmes ; que le comte, à plus forte raison le roi, n'avait que fort peu de chose à voir dans leur administration. Tous les ressorts de la vie publique étaient donc entre les mains de cette noblesse marchande, forte déjà par le prestige de la fortune, toute puissante désormais par la tyrannie de l'échevinage. Il arriva donc ce qu'on pense bien. L'impôt pesa tout entier sur les épaules de la classe pauvre, et la classe des patriciens put se livrer et souvent se livra à toutes les malversations qu'inspire la cupidité assurée de l'impunité.

Un tel état de choses ne pouvait toujours durer. A l'époque qui nous occupe, l'orage grondait dans les masses populaires, et n'attendait qu'une occasion pour éclater.

Deux partis donc divisent la population flamande, et vont entrer en guerre ; et aussi deux gouvernements, celui du comte et celui du roi, se disputent sur la Flandre la suprématie.

Certes, pour un chef de gouvernement, le choix n'était pas facile entre les partis en présence. D'un côté c'était la cause sainte de l'opprimé se débattant sous l'étreinte souvent injuste du plus fort : de l'autre, c'était l'ordre établi, la possession légitime en lutte contre le désordre grossier et sanglant de l'anarchie. Sans parti pris au début, comte et roi vont pencher tantôt à droite, tantôt à gauche, selon la poussée des évènements, et s'ils finissent par prendre parti entre les belligérants, ce sera plutôt le fait des belligérants eux-mêmes ne comprenant pas la froide impartialité en face de leurs fièvres et déclarant, un jour d'émeute, la guerre à celui des deux qu'ils soupçonnent d'hostilité ce jour-là. Le roi de France, qui soutenait en Italie les Guelfes ou parti populaire contre les Gibelins ou patriciens, va être amené, par la force des choses, à défendre les patriciens flamands contre les métiers.

Philippe le Bel et Gui de Dampierre.

Philippe le Bel régnait alors en France.

Le comte de Flandre était *Gui de Dampierre*.

Le 5 octobre 1285, Philippe le Hardi mourut à Perpignan. Son fils aîné, connu sous le nom de Philippe IV, dit le Bel, fut sacré à Reims avec sa femme, Jeanne de Navarre, le 6 janvier 1286. Il avait dix-neuf ans. Il était d'une rare beauté, de très haute taille et d'une force qui faisait l'admiration des hommes d'armes. Le regard de ses yeux bleus était froid, dur et clair. Il portait de longs cheveux bouclés dont le blond pâle encadrait un visage aux traits réguliers et qui frappait par sa blancheur.

En faisant part de son avènement aux prélats du royaume, Philippe le Bel écrivait : « Par la grâce de Dieu, roi de France, je sais que mes faibles forces ne peuvent suffire à diriger heureusement les peuples qui me sont soumis ; à moins que Celui qui est la source de toute sagesse, qui fait le salut des rois et dispose tout dans l'univers avec autant de force que de douceur, ne m'en accorde la puissance. Les vœux de ses fidèles, des hommes de religion surtout, l'y inclineront, sans doute, de la manière qui lui sera le plus agréable. Veuillez donc lui adresser vos prières afin qu'il nous fasse gouverner nos sujets de telle sorte qu'après notre règne en ce monde, auquel il donnera une paix favorable, il nous accorde d'entrer dans le royaume des cieux. »

Gui de Dampierre était né en 1225 de Guillaume de Dampierre et de Marguerite de Constantinople, comtesse de Flandre. Son père avait été un chevalier français, gentilhomme champenois et appartenant par sa mère à la famille de Bourbon. Il épousa en premières noces Mahaut ou Mathilde de Béthune, dont il eut cinq fils et trois filles. Les fils étaient : Robert de Béthune, qui lui succéda au comté de Flandre, Guillaume, Baudoin, Jean, évêque de Liège, Philippe, comte de Thiette. Il épousa ensuite Isabelle de Luxembourg et de Namur, dont il eut aussi huit enfants, parmi lesquels Jean, comte de Namur, Guy, seigneur de Richebourg, Henri, comte de Lodi, Marguerite, Philippine et Adèle.

Philippe le Bel était jeune et ardent, rêvant d'absolutisme, souple et rusé avec ceux qu'il voulait circonvenir, dur et hautain avec ses adversaires ; inaccessible au sentiment et n'admettant point d'obstacle à ses projets, pas même parfois ceux de la conscience. Néanmoins il ne manquait pas d'une certaine grandeur d'âme et il convient de dire que les historiens ont injustement chargé sa mémoire et exagéré singulièrement ses torts.

Gui de Dampierre fut avant tout un bon père de famille, cherchant à placer convenablement ses nombreux enfants, et fécond en expédients pour se procurer l'argent nécessaire à ces divers établissements. Car il fut pauvre comme tous les princes de son temps. Son esprit, peu façonné aux habiletés de la politique, s'irritait aisément devant l'insuccès et il en arrivait aux coups de tête qui lui ont nui si souvent. Le malheur a donné à sa mémoire un prestige que son caractère ne lui avait point mérité et plus encore la noble conduite et la vaillance de ses enfants armés pour le défendre.

Tels sont les deux princes qui vont avoir à se débattre dans les inextricables difficultés suscitées tous les jours par les communes de Flandre en émoi.

La révolte avait commencé à Bruges en septembre 1280. Ypres suivait quelques mois après. Nouvelle émeute en mai de l'année suivante dans les mêmes villes, puis en septembre. Trois fois l'émeute est vaincue et le patriciat triomphe partout.

La querelle suscitait procès sur procès. Le parti, à qui la justice du comte venait de donner tort, ne manquait pas d'en appeler au roi qui s'empressait d'accueillir les appelants à son parlement de Paris. C'était une intervention ininterrompue de l'autorité royale en Flandre.

A Gand, la lutte était vive contre le Magistrat [1]. Là régnait en souveraine la tyrannie des *Trente-Neuf*. Depuis 1228 la ville de Gand était gouvernée par un Magistrat composé de 39 échevins, dont 13 en charge, 13 conseillers et 13 honoraires, ces derniers rentrant en charge l'année suivante, pour devenir l'année d'après conseillers, puis honoraires. Et le roulement continuait ainsi avec les mêmes hommes depuis de nombreuses années. Aussi leurs exactions causaient-elles des plaintes sans cesse renouvelées.

A la faveur de ces discordes, Philippe se faufile dans les affaires de Flandre avec plus de souplesse que jamais. En août 1289, pour y surveiller de plus près l'administration des échevins et du comte et défendre plus efficacement les

---

1. On appelait ainsi le corps des officiers municipaux d'une ville.

FRONTIÈRES MILITAIRES
MÉRIDIONALES
de la Flandre Wallonne
en 1304

Nota. — Les parties ombrées
représentent les terrains submergés

0   5   10
Kilomètres

LILLE
Bouvines
Seclin
La Bassée
FLANDRE WALLONNE
Pont-à-...
Drumetz
Mons-en-...
Pont-à-Vendin
Oignies
P'à B...
Faumont
P'à Sault
Reumbeau
Deûle
Hyn...
Lens
Le Forest
Dourges
Noyelles
Rost
Henin-Liétard
ARTOIS
DOUAI
Scarpe R.
Vitry
Ferin
ARRAS
Fampoux
Route   de   Cambray
Route de Péronne
Sensée R.

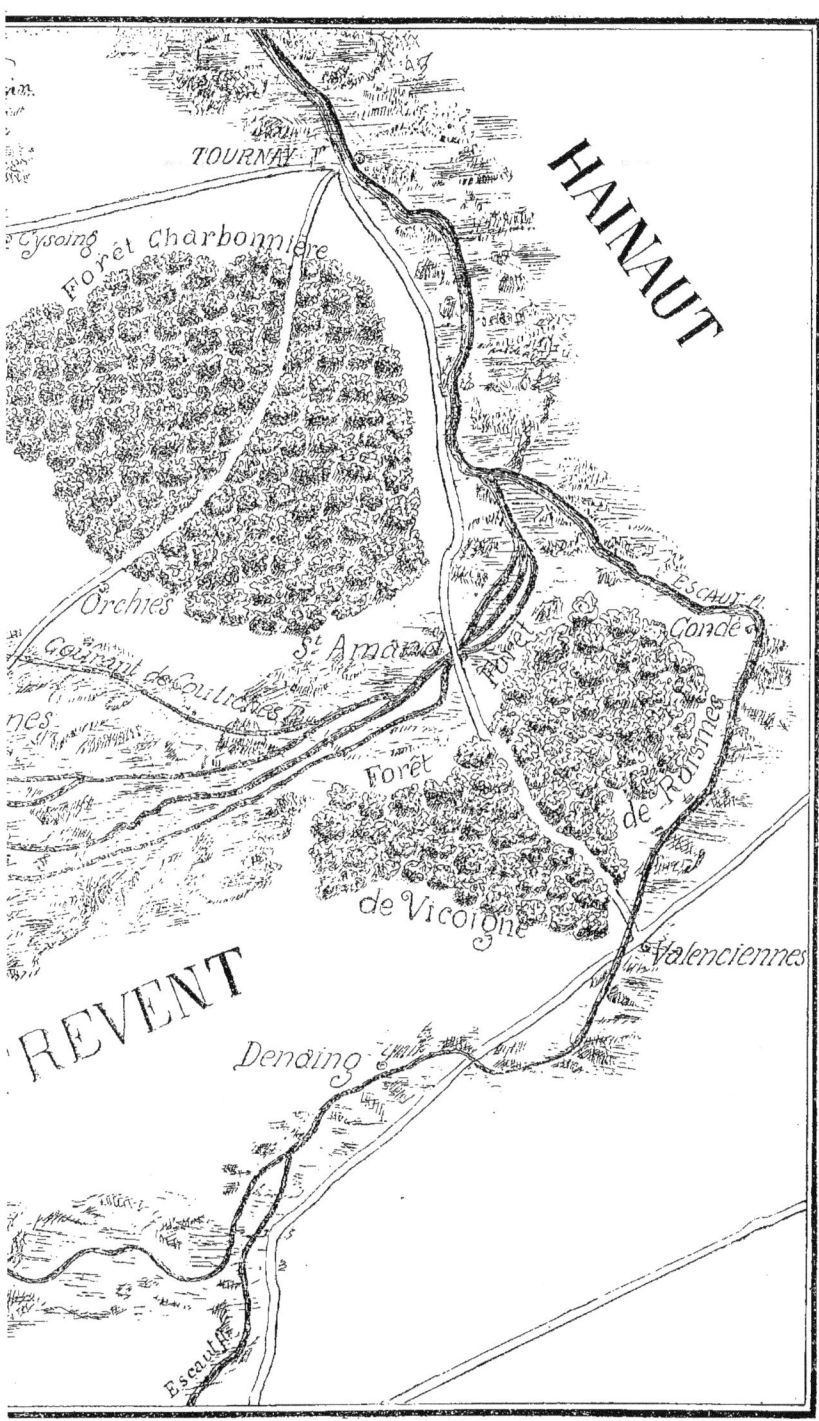

bourgeois, il est parvenu à installer dans la ville de Gand et à demeure ses sergents et ses prévôts.

Puis c'est une ordonnance sur les monnaies donnant un cours légal en Flandre à la monnaie royale et excluant les monnaies étrangères. C'était tous les jours pour l'autorité du comte un nouveau recul. Enfin le comte n'y tient plus. Dans cet envahissement progressif de l'influence de la couronne française, c'est sa couronne elle-même qu'il sent en péril, et, perdant la tête, il se jette dans les bras d'*Edouard I*er, roi d'Angleterre. En secret, il signe avec ce dernier un traité d'alliance dont la clause principale était les fiançailles de sa fille Philippine, âgée de sept ans, avec le fils aîné du roi d'Angleterre, qui en comptait neuf. C'était une félonie. L'Angleterre en effet était en guerre avec la France et le comte ne niait pas qu'il fût l'homme-lige du roi Philippe, ni que la Flandre fît partie intégrante du royaume de France. De plus Gui de Dampierre foulait aux pieds l'obligation où étaient les hauts barons de prendre conseil du roi pour les mariages de leurs enfants. Et certes, cette loi était sage. Que serait devenue en effet la monarchie capétienne, si, par suite d'héritage, le roi d'Angleterre, déjà maître de la Guyenne, fût devenu comte de Flandre ? Philippe le Bel était dans l'obligation de s'opposer de toutes ses forces à ce mariage.

Eut-il connaissance du traité? Toujours est-il qu'il manda le comte à Paris. Gui s'y rendit, et de lui-même, il révéla le pacte conclu avec l'ennemi héréditaire. La félonie entraînait la confiscation du fief. Philippe retint prisonnier le comte et ne lui promit la liberté qu'à la condition qu'il ferait venir à Paris la petite Philippine pour qu'elle fût élevée à la cour de France avec les autres princesses.

De retour chez lui, les mêmes causes ne tardèrent pas à ramener au cœur du comte les mêmes craintes, et, oubliant ses promesses d'amendement, il renouvelle son alliance avec Édouard Ier, fiançant au fils du roi anglais sa fille cadette, à défaut de l'aînée. Quelque temps après, il envoyait au roi de France son refus d'hommage. C'était une déclaration de guerre.

Mais avant d'aller plus loin, qu'on nous permette de jeter un regard sur la carte de la Flandre au XIIIe siècle. Cette digression sera extrêmement utile à l'intelligence de la guerre qui va nous occuper.

Défenses naturelles de la Flandre wallonne.

Le comté de Flandre (*Delpech*) possédait une ceinture de marais suffisante, à elle seule, pour arrêter une invasion sur ses frontières.

Le sol de cette contrée étant peu élevé au-dessus du niveau de la mer, ses cours d'eau n'ont qu'un faible écoulement. Ils tendent à sortir de leur lit et à créer sur leur rive une large zone de marécages.

Au XIIIe siècle, du côté méridional qui confinait à la France, la Somme, l'Escaut, la Deûle et la Scarpe avaient ainsi produit autour du pays wallon deux véritables lignes de défense successives.

La plus extérieure de ces lignes, tracée par la Somme et l'Escaut, présentait une ceinture continue de marais : pour la Somme, depuis son embouchure jusqu'à Péronne ; pour l'Escaut, jusque bien au-dessus de Cambrai. La seconde ligne la plus intérieure était formée par la Deûle et la Scarpe. Leur cours ne laissait subsister de vide qu'entre Hénin-Liétard et Douai. Cette trouée était fermée par deux ruisseaux, l'Eurin et le Boulenrieu [1] entourés sur tout le parcours d'une large zone

---

1. L'Eurin et le Boulenrieu ont été absorbés, au XVIIe siècle, par la création du canal qui joint aujourd'hui la Deûle à la Scarpe. Le mot Boulenrieu ou Boulainrieu (bouillant riez), représente, en Flandre, toute eau non stagnante produite par une source. Le phénomène du liquide sourdant à la surface du sol, est comparé à une ébullition. Boulainrieu est donc un nom générique porté par d'autres cours d'eau, et même par des localités très distinctes du

de marécages et qui venaient se perdre dans le marais de la Scarpe au nord de Douai.

A cette seconde ligne de défense, complètement fermée comme on le voit, il n'y avait que quelques points faibles, Certains soulèvements du sol dessinaient, au travers des marécages, un petit nombre de défilés qui, en été, pouvaient être franchis à pied sec. Ces solutions de continuité dans les terrains submergés portaient au moyen âge le nom de *Passages*. Il y en avait ainsi à Rache, à Noyelles, à Pont-à-Wendin. Pour rendre les passages infranchissables, les Flamands avaient doublé le lit du Boulenrieu par un large fossé inondé, dont les terres rejetées du côté de la Flandre constituaient une espèce d'épaulement. En temps de paix, la communication s'opérait sur des ponts en bois dont le principal, situé près de Noyelles, prenait le nom de *Planche de Noyelles*. Sur l'escarpement du fossé, la planche était barrée par une palissade mobile, une *clausula*, suivant l'expression des chroniqueurs.

Pendant les guerres du moyen âge entre Flandre et France, l'opération du début était la surprise ou la défense des passages. Pour s'en assurer l'occupation, les rois de France tendirent constamment à posséder, dans l'intérieur de cette ligne, quelques places fortes, telles que Douai ou Lille.

Quand cette base d'opération faisait défaut à l'armée française, elle venait d'ordinaire établir son quartier général au nord de Péronne, entre Arras et Vitry, de manière à dépasser la première ligne de défense par la trouée entre Somme et Escaut. Là, elle guettait le moment favorable pour enlever les passages de la seconde ligne. Ce second point une fois franchi, elle ne rencontrait presque plus d'obstacles naturels. Deux

---

ruisseau qui nous occupe. — Le Boulainrieu naissait dans le bois de Libercourt, recevait, à Pont-à-Saulx, l'Eurin venant d'Hénin-Liétard et Dourges, arrosait Raimbeaucourt, Belleforière, Rootz-Warendin, Pont-à-Rache et Flines, et se déversait dans le marais des Six-Villes par un canal de l'abbaye de Flines dit la *viése navie*.

routes s'ouvraient devant elle. L'une, entre la Marcq et la Scarpe, conduisait, au travers des bois, à Orchies, puis à Tournai. L'autre, entre la Marcq et la Deûle, menait à Lille. Un pont à Bouvines, un autre à Tressin, conduisaient, à travers les marais de la Marcq, de l'une à l'autre route.

Le passage du Boulenrieu était donc, pour les Français, la clé de la Flandre wallonne. Quand on ne pouvait pas s'en saisir, il fallait tourner l'Escaut (soit en le remontant à sa source, soit en le franchissant en aval de Condé), suivre sa rive droite jusqu'à Tournai (ville française), repasser sur sa rive gauche par le pont de cette ville et revenir, par Orchies ou Bouvines, ouvrir à l'intérieur les passages qu'on n'avait pas pu enfoncer par le dehors.

CHAPITRE DEUXIÈME.

CAMPAGNES DE 1297 ET DE 1300.

Le refus de l'hommage, avons-nous dit, entraînait la confiscation du fief, mais seulement après jugement du vassal rebelle par les pairs. Philippe envoya au comte l'offre de le traduire devant le tribunal des pairs; mais cette offre ne fut pas acceptée.

Qu'allait faire le peuple de Flandre? Le comte se posait cette question avec anxiété. Au début de la guerre, la grande majorité des échevinages se déclara pour le roi. Quant à la population, elle était pour le parti du roi à Bruges et à Lille, pour le comte à Ypres et à Damme, partagée en deux factions à Douai, à Gand indécise. La plupart des seigneurs se tournèrent du côté du roi, et avec eux le haut clergé. Le bas clergé, au contraire, en contact quotidien avec les artisans et témoin de leur misère, épousa ses querelles et lorsque ceux-ci se furent déclarés contre le roi, ils eurent à leur tête le clergé démocratique.

Le roi de France pouvait compter sur le comte de Hainaut, Jean d'Avesnes, son fidèle allié, sur l'Écosse, en guerre avec l'Angleterre, le pape Boniface VIII, qui le soutenait à cette époque ouvertement. Le comte de Flandre avait pour lui l'Angleterre, la Hollande et le roi d'Allemagne, Adolphe de Nassau. Le duc de Brabant resta neutre.

En exécution du traité de Melun, les évêques de Reims et de Senlis lancèrent l'excommunication contre les Flamands rebelles au roi de France ; mais Gui se hâta d'en appeler au pape, de sorte que l'effet en fut suspendu et la redoutable sentence n'eut pas de résultat.

C'est en juin 1297 que la campagne commence.

L'armée française est commandée par Philippe le Bel en personne. Avec 6.000 armures de fer, Charles de Valois, frère du roi, fait attaquer le Pont-à-Raches, passage fortifié de la Scarpe et s'en rend maître après un combat sanglant. La Flandre est envahie; Orchies ouvre ses portes. Lille est investie. Pendant le siège, un détachement français attaque sur la Lys le pont de Comines et s'en empare. Ce succès ouvre aux troupes royales la Flandre occidentale. Sur ces entrefaites, Robert d'Artois, vainqueur des Anglais en Guyenne, vient rejoindre à Lille Charles de Valois. Les deux princes se détachent du camp pour achever la conquête de la Flandre occidentale, et, à la tête de 17.000 hommes, remportent une brillante victoire à *Furnes*. Guillaume de Juliers l'aîné, le chef de l'armée flamande, est fait prisonnier (20 août). Lille, privée de secours, ne tarde pas à capituler. Édouard Ier, l'allié de Gui, arrive alors. Mais il est trop tard. Il se rend à Bruges; mais la ville lui fait un si mauvais accueil qu'il a hâte d'en sortir. De là, n'osant se mesurer avec le roi Philippe, il va rejoindre Gui dans la ville de Gand, où il s'enferme.

La situation du roi de France était en ce moment très prospère. Il était maître de l'Aquitaine : il avait conquis les trois quarts de la Flandre ; les armées réunies du roi d'Angleterre et du comte de Flandre n'osaient tenir campagne contre lui. Bien précaire au contraire était la situation d'Édouard Ier, enfermé dans la ville de Gand. Les Français venaient de s'emparer du port de Damme et menaçaient de couper ses communications avec l'Angleterre. Enfin d'Angleterre même, Édouard recevait les nouvelles les plus alarmantes : une invasion écossaise était à craindre.

Fidèle au noble rôle que la papauté a toujours si bien

compris, Boniface VIII s'interposa pour le rétablissement de la paix. Sous son influence, des trèves furent conclues. Elles devaient durer jusqu'au 6 janvier 1300. Le pape fut ensuite accepté pour arbitre entre les deux partis. Il rendit sa sentence le 27 juin 1298. La paix était faite entre la France et l'Angleterre. Édouard Ier épouserait Marguerite, sœur de Philippe le Bel ; le fils aîné du roi d'Angleterre, celui-là même qu'on avait fiancé à Philippine de Flandre était promis à Isabelle, fille du roi de France. Le comte de Flandre n'était pas compris dans le traité

Pendant la trève, les deux partis en Flandre exercèrent l'un contre l'autre des représailles. Là où il était le maître, le roi confisquait les biens des partisans du comte au profit des Flamands restés fidèles à sa cause. Le comte agissait de même sur les terres qu'il occupait encore. Ces procédés creusèrent plus profond que jamais le fossé qui séparait les deux partis et la Flandre fut partagée en deux factions irréconciliables.

Les trèves expirées (6 janvier 1300), la guerre recommence. La situation s'est encore améliorée pour les Français. C'est ainsi que le comte de Hainaut hérite du comté de Hollande, qui devient de cette façon l'allié de la France. De plus, le nouveau roi d'Allemagne, Albert d'Autriche, vainqueur d'Adolphe de Nassau, cherche à fortifier son trône, à peine affermi, en s'alliant à Philippe le Bel.

Gui de Dampierre, découragé, se retire de la lutte et laisse à ses fils le soin de le défendre.

Cette fois, c'est Charles de Valois qui dirige les opérations.

Il est reçu en triomphe à Douai, prend possession de Béthune et s'en va assiéger Damme que, quelques jours avant la signature de la trève, une surprise avait rendue aux partisans de Gui.

La cause du comte semble désespérée.

Dans cette extrémité, suivi de ses fils Robert de Béthune et Guillaume de Crèvecœur, de son chapelain et de plus de cinquante chevaliers, au noble cœur, fidèles défenseurs de sa cause, le vieux comte de Flandre vint au camp français se rendre à merci.

Philippe lui donna pour prison le château de Compiègne avec une pension de 6.000 livres parisis, environ 600.000 francs de notre monnaie.

Cet évènement hâta la soumission du pays.

Gand se rendit, puis Audenarde. Ypres fut la dernière à ouvrir ses portes. La Flandre tout entière était soumise (21 mai 1300).

Les fils de Gui de Dampierre.

Il est temps de faire connaître à nos lecteurs les personnages dont le concours va faire changer en Flandre la face des choses.

Le vieux comte avait cinq fils. Le malheur de leur père en fit des héros, et on va les voir tenir sa place avec une énergie, un courage et une intelligence dignes de la plus grande admiration.

Le moins capable (*Funck-Brentano*) d'entre eux était l'aîné, *Robert de Béthune*. Il avait, en 1300, soixante ans. C'était un caractère impétueux, prompt aux résolutions extrêmes, rude dans ses paroles et dans ses actes.

Le deuxième, *Guillaume de Crèvecœur*, était un homme d'un esprit distingué, mais les intérêts qu'il avait en France le condamnèrent à une attitude effacée.

Philippe de Thiette était le cinquième des fils de Gui de Dampierre et de Mahaut de Béthune. Ses parents l'avaient destiné à l'état ecclésiastique ; mais à Paris, où il faisait ses études, Charles Ier, roi de Sicile, le rencontra et fut frappé autant de son intelligence ouverte et vive que de sa belle prestance et de sa haute stature. Il se l'attacha. Philippe de Thiette conserva de son éducation à l'université une culture rare chez un prince de son temps : ses campagnes en Sicile, à la tête des troupes de Charles d'Anjou, en firent un guerrier accompli. Au contact de l'aristocratie italienne, il acquit les manières aisées et l'habileté d'un parfait diplomate.

Jean de Namur, l'aîné des enfants nés du mariage de Gui de Dampierre avec Isabelle de Namur, joua dans ces événements un rôle moins éclatant, car il était de santé délicate et il fut souvent occupé par des conflits avec ses sujets du comté de Namur.

Gui ou Guiot de Namur, à cette date presque un enfant, fut le héros de la famille. Sur les champs de bataille il était d'une audace qui effrayait ses compagnons les plus téméraires ; mais capitaine habile, il savait combiner les manœuvres imprévues qui surprennent l'ennemi, le culbutent dans les ruisseaux ou font tourner bride aux hommes d'armes frappés de terreur. Par son caractère généreux, son allure martiale, son élégance et sa beauté il était l'idole des soldats. La victoire le suivait car elle aime les hommes jeunes, qui la séduisent par leur hardiesse et leur décision.

Voilà les hommes qui, pendant la paix, vont travailler à enlever au roi de France les sympathies flamandes, pour essayer de refaire, sur le champ de bataille, la fortune compromise de leur vieux père.

Philippe le Bel crut bien faire en envoyant en Flandre comme gouverneur *Jacques de Châtillon*. C'était avant tout un soldat raide et franc, rude et droit. Mais il n'aura pas assez de souplesse pour concilier au roi de France la partie de la noblesse flamande qui s'est donnée aux intérêts de Gui de Dampierre, ni surtout pour endiguer les haines sociales qui divisent le pays.

En mai 1301, Philippe le Bel vint en Flandre avec sa femme, Jeanne de Navarre, en qualité de nouveau seigneur et de suzerain immédiat. Ce ne furent, partout sur son passage, que fêtes et réjouissances. Douai, Lille, Courtrai lui firent le meilleur accueil. Mais Gand les dépassa toutes par le luxe et la magnificence qu'elle déploya. Elle dépensa pour la fête plus de deux millions de notre monnaie. Le roi lui accorda la suppression de la maltôte, impôt dont les grands de la ville accablaient le pauvre peuple. Mais à Bruges la population, sous les menaces de l'échevinage, n'osa réclamer la même faveur. Le roi remplaça dans cette ville l'échevinage aristocratique des Trente-Neuf par un échevinage bourgeois, soumis à l'élection chaque année. Les mêmes réformes furent accordées à Ypres. Mais rien ne put arrêter la montée puissante et irrésistible de la nouvelle classe sociale. Une concession ne faisait qu'exciter les appétits des métiers : c'était la suprématie qu'il leur fallait. A peine le roi a-t-il quitté la Flandre que les désordres renaissent partout. C'est Bruges qui est la plus agitée. Une véritable émeute des métiers éclate, sous l'excitation du tisserand *Pierre Coninc*, fougueux orateur d'occasion et qui va devenir le « grand esmouveur des peuples ».

Les Matines de Bruges.

Jacques de Châtillon accourt pour mettre de l'ordre, mais il commet la faute énorme d'accepter dans son armée les nobles flamands qui s'offrent à lui pour cet office. Désormais, aux yeux de la foule, le gouvernement du roi sera l'ennemi des métiers. Cette erreur s'accréditera d'autant plus facilement que le roi, chargé de maintenir l'ordre, se trouve dans la nécessité de prendre parti contre les émeutiers.

C'est ce que comprit à merveille le jeune et intelligent Gui de Namur qui se tenait comme aux écoutes sur les frontières de Flandre et qui ne laissera se perdre aucune occasion de compromettre le gouverneur et le roi, son maître, dans l'esprit du peuple.

« Ce fut à cette époque (*Funck-Brentano*) vers le commencement de mai 1302, quand les troubles faisaient retentir les rues de Bruges et de Gand, qu'apparut celui que les chroniques populaires nommeront l'homme prédestiné : *Guillaume de Juliers* le Jeune. Il était petit-fils du vieux comte de Flandre par sa mère Marie, troisième fille de Gui de Dampierre. Son père était mort en Allemagne sur un champ de bataille ; son frère aîné, appelé aussi Guillaume de Juliers, était mort des blessures qu'il avait reçues à la bataille de Furnes.

» Il était entré dans le clergé, sans vocation du reste, comme il arrivait souvent aux cadets des nobles familles et était archidiacre de Liège et prévôt de Maëstricht. Guillaume de Juliers était presque un enfant et cependant il jouera le premier rôle dans les évènements les plus considérables, à cause de ses rares facultés, et qui paraissaient, à ceux qui l'approchaient, surnaturelles. C'était une nature vive, ardente ; son regard était plein de feu ; il semblait qu'une flamme intérieure le consumât. Nature d'une activité dévorante, impétueuse, téméraire, enhardi par les obstacles à vaincre, il aimait à les trouver devant lui et il en triomphait par l'audace de son génie.

» Dès son arrivée à Bruges, Guillaume de Juliers se déclara le lieutenant de son grand-père, le comte de Flandre, et il se mit à la tête des révoltés. Au caractère téméraire et impétueux qui plaît aux masses populaires, à la jeunesse qu'elles aiment, à la noblesse illustre qui les flatte lorsqu'elle s'incline devant elles, il joignait une prestance élégante et une éclatante beauté. Vêtu avec splendeur et portant sur son écu le lion de la maison de Flandre, il parcourait les rues de Bruges sur son cheval fougueux ; pour lui les coffres qui renfermaient les trésors de la ville étaient toujours ouverts. Les parures les plus belles, les armes rares, les étoffes aux chauds reflets, les fourrures de prix étaient mises à ses pieds par le peuple, fou de son héros, fier de son éclat, comme si lui-même en eût brillé ».

Le plan de Guillaume de Juliers était bien arrêté : compromettre les gens de Bruges pour les forcer à se déclarer contre le roi de France. A peine arrivé dans la ville en émoi, il lance la populace au pillage d'une riche maison de patricien. On se représente la fête. Mais ce n'était qu'un avant-goût. Il n'eut plus alors qu'un signe à faire, et la foule, mise en appétit, se précipita sur le château de Maele où les patriciens avaient enfermé leurs effets précieux. Ce château appartenait au roi et était défendu par des hommes du roi. Les douze défenseurs furent massacrés. Le coup fait, les agitateurs Guillaume de Juliers, Gui de Namur et Coninc, se réfugièrent au delà de la frontière, mais, avant de quitter Bruges, ils y ont laissé leurs instructions. Il s'agit de creuser plus profond encore le fossé qu'ils viennent de commencer entre Bruges et le roi.

Cependant la terreur règne dans la ville : l'armée de Châtillon approche. Les habitants, en proie aux plus vives inquiétudes, discutent le parti à prendre. Enfin on convient d'envoyer une mission à Jacques de Châtillon. On remettra la ville aux mains du roi et, confiants dans ses sentiments d'équité, on s'en rapportera à l'enquête qu'il lui plaira d'ordonner sur les massacres et le pillage de Maele, mais sous la condition que tous ceux qui croiraient avoir à redouter ce jugement auraient la liberté de quitter la ville avant l'entrée des chevaliers français. Les négociations avec Châtillon durèrent trois jours. Enfin le gouverneur céda. 5.000 hommes environ sortirent de Bruges et se rendirent dans les communes voisines.

Cependant les agitateurs, à la tête desquels s'était placé Briedel, le lieutenant de Pierre Coninc en fuite, machinaient leur complot. Briedel et nombre de ses compagnons demeurèrent dans la ville. Les habitants de Bruges se rendirent au devant du lieutenant du roi et de sa troupe et les accueillirent de la manière la plus gracieuse. Châtillon était irrité, et cette irritation se traduisait sur son visage. Briedel avait disséminé ses hommes dans la foule et leurs discours semaient la terreur dans les cœurs. « Pourquoi tous ces hommes bardés de fer? — Avez-vous vu les yeux de messire Jacques ? » Et quand, derrière la petite armée de Châtillon, arrivèrent les provisions, on chuchota que c'étaient des tonneaux pleins de cordes pour pendre à leurs fenêtres les gens du peuple.

Le mot fit en quelques minutes le tour de la foule. Plus de doute, c'est pour demain l'exécution. Le soir venu, chaque Brugeois, en secret, se tint en armes.

On se glissa à l'oreille le mot de passe: *schilt en vrient, bouclier et ami*, dont la prononciation défectueuse trahirait les Français et on attendit le signal. Les Français, confiants, avaient laissé aux gens de la ville la garde des remparts. Après avoir soupé dans les différentes maisons qui leur avaient offert l'hospitalité, ils s'endormirent d'un sommeil tranquille.

Le jour n'avait pas encore paru, Pierre Coninc, accouru pour la fête, attendait aux portes de la ville l'arrivée simultanée des 5.000 artisans qui la veille avaient quitté Bruges. La troupe força les portes mal gardées et se précipita vers les maisons où l'on savait demeurer les Français. Ceux-ci, surpris par les clameurs, s'élancent dans les rues pour combattre, mais disséminés et éloignés de leurs chefs, ils résistent à peine et rougissent de leur sang les dalles éclairées des premiers rayons du soleil. Jacques de Châtillon avait un instant cherché à lutter contre le mouvement populaire, mais son cheval est percé de traits et il se réfugie avec le chancelier Pierre Flotte, dans un asile qu'il ne quittera que la nuit suivante. L'extermination s'étendit de quartier en quartier, de maison en maison, et il n'y eut de lutte que sur la place du Marché où quelques chevaliers s'étaient ralliés à la voix du maréchal de l'armée, l'intrépide Gauthier de Sapignies. Entourés de toutes parts par les conjurés qui sortent de toutes les rues, menacés par les femmes et les vieillards qui leur lancent des pierres du haut des toits, ils succombent en se défendant glorieusement, tandis que les archers et les sergents sont arrêtés aux portes de la ville et mis à mort.

Quinze cents Français avaient péri dans les *Matines de*

Bruges (vendredi 18 mai 1302). Le sang du Christ, conservé à Bruges, et qui devenait fluide tous les vendredis, cessa, à partir de cette date, d'être l'objet de ce prodige. Le Ciel, devant ce crime, manifestait ainsi sa réprobation. Mais les meneurs avaient atteint leur but : ils avaient creusé une fosse pleine de sang entre le peuple de Bruges et le roi.

CHAPITRE TROISIÈME

CAMPAGNES DE 1302 ET DE 1303

Bataille de Courtrai.

Après le massacre, les conjurés dominèrent Bruges par la terreur. Des patrouilles armées parcouraient les rues. Le peuple se sentait complice du forfait ; mais il ne pouvait plus reculer. Il avait besoin d'un capitaine pour le diriger : il rappela Guillaume de Juliers et se prépara à la guerre. Guillaume de Juliers confisqua les biens des anciens partisans du roi ; c'étaient les plus riches de la ville. Il se forma de la sorte un trésor de guerre considérable. Puis, à la tête des artisans de Bruges, il se mit à parcourir la Flandre occidentale pour y recueillir de gré ou de force des adhérents. Les châteaux, bien défendus, résistèrent. Mais les petites villes, effrayées par le déploiement militaire des Brugeois, fournirent des contingents. La ville de Gand resta inébranlablement attachée au roi. Ypres hésita longtemps et finalement envoya 5oo piétons, Guillaume de Juliers échoua devant le château de Cassel. A Courtrai, comme à Cassel, la ville embrassa le parti des Brugeois, mais, encore comme à Cassel, le château demeura aux mains des chevaliers du roi. Guillaume de Juliers et Gui de Namur vinrent l'assiéger. Leur armée comptait alors 5o.ooo hommes.

Philippe le Bel, à la nouvelle du guet-apens où les Brugeois avaient fait tomber les représentants de la couronne de France, prit immédiatement les mesures nécessaires à une vengeance éclatante. Il avisa aux moyens de se procurer l'argent nécessaire et convoqua ses hommes de guerre. Il choisit pour commandant en chef son cousin *Robert d'Artois*, le brillant vainqueur de Furnes. « Ce choix (*Funck-Brentano*), comme celui de Jacques de Châtillon, était malheureux. Châtillon et Robert d'Artois étaient tous deux les représentants d'un monde vieilli, de la chevalerie, de la société féodale ; ils en avaient la force, le caractère simple et la grandeur : mais en Flandre ils devaient se trouver en présence d'un monde nouveau, où la réflexion avait plus d'action que la force, le monde moderne, par lequel ils devaient être vaincus. Robert d'Artois était le héros des guerres chevaleresques où les grands coups d'épée décidaient de la victoire sur un terrain égal, entre adversaires également armés. Une toute autre guerre l'attendait, toute de stratégie et d'embûches, où la chevalerie française allait s'écrouler en une catastrophe glorieuse, mais néfaste à la cause qu'elle défendait. »

Robert d'Artois s'avança pour dégager Cassel. Apprenant que Guillaume de Juliers en avait levé le siège pour Courtrai, il changea de direction et s'en fut porter secours à la vaillante garnison qui en défendait le château. Les deux armées se rencontrèrent sous les murs de la ville. Les forces étaient égales en nombre, mais d'une composition essentiellement différente. Les Flamands n'avaient pas du tout de cavalerie et relativement peu d'hommes de trait ; la puissance de l'armée française consistait en 10.000 chevaliers et écuyers et 40.000 piétons dont 10.000 armés d'arbalètes, pour la plupart Italiens.

Les chefs flamands, Guillaume de Juliers et Jean de Renesse savaient bien que les Français ne laisseraient pas sans la secourir la garnison du château de Courtrai. C'est sous les murs de cette ville qu'ils prévoyaient donc la rencontre des deux armées. Et, depuis le 26 juin, ils travaillaient au piège dans lequel ils espéraient attirer la chevalerie française.

Sous les murs de Courtrai s'étend une plaine marécageuse. Ils s'abritèrent à une certaine distance, derrière un fossé qu'ils avaient creusé large de cinq brasses et en demi-lune et qu'ils avaient dissimulé sous des branchages. En avant de ce fossé ainsi dissimulé se trouvait le ruisseau de Grœninghe.

Le 11 juillet, au matin, les Français vinrent se placer en face de l'armée flamande. Celle-ci fit mine de s'avancer pour lui disputer le ruisseau de Grœninghe qui les séparait. L'infanterie française, répondant à la provocation, s'élance à l'attaque, traverse non sans perte ce premier ruisseau et refoule les Flamands qui de loin reculent lentement comme n'osant se mettre en contact avec l'ennemi. L'infanterie avançait toujours, à tel point qu'on pût croire un moment la bataille gagnée.

Les barons français trépignaient de voir que la victoire allait être gagnée sans eux. « Seigneur, dit le sire de Valepayelle au comte d'Artois, ces vilains feront tant qu'ils remporteront l'honneur de la journée. Pour ne point nous battre, il fallait nous laisser chez nous. — Par Dieu! vous avez raison, beau sire, répondit le comte, allons! Montjoie et Saint-Denis! En avant! » Deux corps d'armée s'élancent. Le troisième, commandé par le comte de Saint-Pol, devait former la réserve. Les chevaliers, dédaignant de se détourner, piétinent leurs propres gens de pied et ils chargent en aveugles avec une impétuosité irrésistible. Cependant les Flamands, impassibles, guettent leur proie derrière les chausse-trapes. Tout-à-coup, cette charge brillante se transforme en une effroyable culbute de chevaux et d'hommes démontés dans des fossés où clapote une boue liquide. Le fossé étant en demi-lune, impossible de s'écouler par les côtés. Toute la chevalerie de France vint s'enterrer là. Les Flamands tuent à leur aise ces cavaliers désarçonnés ; ils les choisissent dans le fossé. Quand les cuirasses résistent, ils les assomment avec des maillets de plomb. Ce fut une affreuse boucherie. On ne fit pas de prisonniers, si ce n'est quelques-uns à la fin de la journée, quand on fut rassasié de carnage. Les compagnons de Bruges repoussaient l'épée que leur tendaient les vaincus. 20.000 Français restèrent ensevelis dans le marais, tandis que 100 Flamands à peine avaient péri. L'arrière-garde, commandée par les comtes de Boulogne et de Saint-Pol, prit la fuite sans avoir combattu. L'abbé Li Muisis dit les avoir vus le lendemain à Tournai tremblant à tel point qu'il leur était impossible de manger un morceau de pain. Les cadavres des Français furent dépouillés par les vainqueurs. On mesura les éperons d'or des chevaliers au boisseau. Le comte d'Artois avait péri avec tous les chefs de l'armée royale (11 juillet 1302).

Le coup porté eut un retentissement immense. Toute l'Europe s'en émut. En France, la douleur et la stupéfaction furent générales. Jamais tant de nobles personnages n'avaient péri en une seule bataille.

En Flandre, les métiers triomphèrent partout. A Gand, la multitude, aussitôt la nouvelle connue, se répand dans les rues, foule aux pieds la bannière et les armoiries du roi et les remplace par celles de Gui de Namur et de Guillaume de Juliers.

Lille et Douai ferment aussitôt leurs portes, mais le parti populaire les force bientôt à se rendre à Gui de Namur. Bruges, en quelque temps, domina la Flandre entière.

Gui de Namur établit son camp sur le Boulenrieu. De là il fit en Artois de nombreuses excursions, jusqu'à Hénin-Liétard qu'il livra aux flammes, jusqu'à Arras d'où il fut repoussé.

Les artisans de Bruges mirent la main sur l'argent, sur les biens meubles et immeubles des patriciens, et se formèrent ainsi un riche trésor de guerre. Philippe le Bel, au contraire, vit ses charges s'accroître davantage. Car il tint à honneur d'indemniser ceux des Flamands qui perdaient leurs biens pour lui avoir été fidèles ; de cette sorte, ce qui enrichissait ses ennemis, l'appauvrissait par contre. Il faut lire les lettres si pleines d'émotion réelle que le roi écrit aux baillis et aux sénéchaux, aux évêques et aux grands du royaume, aux bourgeois des bonnes villes pour leur demander des secours. Son humilité fait pitié.

Quand il eut quelques ressources, il garnit la frontière d'hommes d'armes. Un de ses capitaines, Oudart de Maubusson, en garnison à Calais, sorti à la tête de 200 armures de fer et de 500 piétons, bat plus de 2.000 Flamands près de Gravelines, après un brillant combat, et brûle la ville.

Le 3 septembre, l'armée du roi, péniblement convoquée, s'établit devant le Boulenrieu. Elle comptait 16.000 hommes. Les Brugeois les attendaient sur l'autre rive. Ils avaient fait une levée générale dans toute la Flandre, recrutant jusqu'aux prêtres et aux moines. Mais, de part et d'autre, on n'osa commencer l'attaque : les soldats du roi étaient encore sous l'impression terrifiante de la journée de Courtrai, et les Brugeois n'osaient compromettre les succès obtenus. On entama des négociations, toutefois sans arriver à s'entendre. Sur ces entrefaites, la division se glissa parmi les chefs de l'armée flamande, tandis que l'indiscipline s'introduisait au camp français. De plus le fourrage manquait. Tout d'un coup, sans paix, ni trêve, ni bataille, le roi donna le signal du départ et licencia son armée. Il avait eu soin toutefois de garnir ses frontières pour empêcher les excursions en Artois. Des historiens, voulant expliquer cette subite et singulière retraite, parlent d'un complot contre le roi, dont on lui aurait révélé alors l'existence. On devait, disent-ils, le livrer aux Flamands à la première rencontre.

Après le départ du roi, ses lieutenants se distinguèrent dans de glorieux faits d'armes. C'est ainsi que Othon IV, comte palatin de Bourgogne, battit les Brugeois à Cassel, le 5 décembre, et leur tua 500 hommes ; tandis que Jacques de Bayonne, rencontrant, le 4 avril 1303, Guillaume de Juliers à *Arques*, près de Saint-Omer, anéantit le fameux corps des arbalétriers yprois, composé de 800 hommes d'élite. L'armée de Guillaume de Juliers n'échappa à la déroute que grâce à la stratégie géniale de son chef qui réussit à grouper tout son monde, devant l'ennemi victorieux, en un bloc hérissé de piques et inabordable.

Cependant Philippe de Thiette, le cinquième des fils de Gui de Dampierre, revint d'Italie (mai 1303). Il prit en main la direction des affaires de Flandre.

Le roi, en même temps, mettait sur pied une nouvelle armée. Mais, retenu à Paris par des difficultés de gouvernement, il la confia à son connétable *Gaucher de Châtillon*. Ce choix n'était pas heureux, car le connétable se montra fort au-dessous de sa tâche.

Les deux armées se trouvèrent en face l'une de l'autre sur les rives de l'Aa. Mais, bien qu'il fût en force, Châtillon, hanté sans doute par cette date du 11 juillet, anniversaire de Courtrai, décida de battre en retraite et se retira jusqu'à Arras.

Les Flamands profitèrent de cette reculade pour recommencer leurs ravages en Artois. Quand ils ne trouvèrent plus rien à détruire, ils allèrent porter leurs déprédations dans la plaine qui s'étend entre Lille, Douai et Tournai. Philippe de Thiette assiégea cette dernière ville, qui résista vaillamment.

Cependant le roi concentrait ses troupes à Arras, quand Philippe de Thiette fit demander des trêves. Le roi exigea la levée du siège de Tournai comme condition préliminaire ; et cette satisfaction obtenue, on proclama (20 septembre), une suspension d'armes jusqu'à la Pentecôte prochaine (17 mai 1304). Il était stipulé que le comte Gui serait remis en liberté provisoire pour venir décider lui-même ses sujets à la paix.

La France entière apprit avec stupeur cette nouvelle retraite de l'armée royale. La catastrophe de Courtrai avait évidemment fait perdre au roi cette assurance, cette fermeté calme qui avait fait jusque là sa force.

Gui de Dampierre vint en Flandre vers la fin d'octobre 1303 ; mais ni lui, ni ses fils ne purent décider les artisans flamands à accepter les conditions de paix formulées par le roi. Loyalement, le vieux comte revint à Compiègne, le 16 mai 1304. Les trèves furent alors prolongées jusqu'au 24 juin.

CHAPITRE QUATRIÈME

CAMPAGNE DE 1304

Cependant Philippe le Bel n'ignorait pas combien le spectacle de la rébellion triomphante des Flamands portait de préjudice à l'autorité de sa couronne ; il comprenait qu'un grand et prompt effort était nécessaire. Pendant les trèves, il mit tous ses soins à rassembler une puissante armée. Il lui fallait pour cela beaucoup d'hommes et beaucoup d'argent. Mais l'indépendance des provinces, le mauvais état et la lenteur des communications, l'insuffisance des ressorts administratifs et aussi la multiplicité, la diversité, la vitalité des franchises locales rendaient cette tâche extrêmement difficile.

Depuis le VIIIe siècle (*Boutaric*), le roi avait le droit d'exiger le service militaire de tout homme noble ou non noble. Mais ce droit n'avait jamais existé qu'en théorie. Philippe le Bel le rendit effectif par une ordonnance, à laquelle on se soumit. L'âge requis était de dix-huit à soixante ans. Le gouvernement avait soin d'établir ce que nous appellerions des classes ; on appelait d'abord sous les armes les habitants des provinces les plus rapprochées de la guerre. Ce n'était qu'en cas de péril urgent que l'on faisait venir les milices des provinces éloignées. En 1304, les nobles et roturiers du Languedoc furent convoqués à Arras pour marcher contre les Flamands. Jusqu'alors les communes s'appuyaient sur leurs anciens privilèges pour ne pas sortir, celles-ci de la seigneurie, celles-là de la province. Ces distinctions furent effacées ; un principe nouveau était invoqué, celui de la défense de la patrie. Philippe décréta aussi que tout noble ayant 50 livres de rente, ou tout roturier, riche en meubles de 50 à 500 livres ou ayant un revenu de terre de 20 livres, non compris le manoir, devait servir pendant 4 mois, ou bien se racheter. Beaucoup se rachetèrent. L'argent afflua mais on manqua d'hommes ; il fallut défendre de recevoir le prix du service militaire.

C'est de cette façon que le roi parvint enfin à se faire une armée. Elle n'arriva à Arras que le 22 juillet, près d'un mois après la fin des trêves. Mais déjà ses lieutenants avaient commencé les hostilités.

Le lendemain de l'expiration des trêves (25 juin) Gaucher de Châtillon quitte Arras avec ses mercenaires et se porte sur Douai pour éprouver la valeur de la garnison. Mais la ville fait si bonne figure que le connétable rétrograde sur Lens où il arrive le 27, et de là atteint, le lundi 29, le passage de *Pont-à-Vendin*. La Deûle franchie en ce point, c'était la route de Lille largement ouverte. Aussi les Flamands s'étaient-ils portés en nombre à Vendin.

Le chroniqueur Guillaume Guiart fait une lumineuse description de la contrée et des mesures de défense prises par les Flamands. La Deûle était, sur sa rive gauche, bordée d'un marais franchi par la route d'Arras à Lille. Le pont, où cette route franchissait la rivière, était muni, pour sa défense, d'une tour en bois ou bretêche, située sur la rive droite et qui contenait, dans son étage supérieur, une espringale. C'est sur la rive droite et en aval de ce pont que s'étendait le village de Vendin, et, à l'extrémité inférieure du village, se trouvait, mû par la rivière, un moulin que les Flamands avaient également fortifié. Une route, à travers les marais de la rive gauche, se terminait contre la Deûle, en face du moulin.

C'est là que le connétable prit ses dispositions pour l'attaque. Pendant que, en personne, il ferait une démonstration au pont, Thibaut de Chepoix devait avec une autre colonne s'emparer du moulin. Dans cette colonne se trouvait un corps de 410 sergents d'Orléans dont faisait partie le chroniqueur Guiart lui-même.

L'ennemi avait garni toute la rive droite d'une épaisse haie d'arbalétriers dont les Français eurent beaucoup à souffrir. Soudain un ribaud se jette à l'eau en aval du moulin. Tous les sergents d'Orléans l'imitent à l'instant, et l'ennemi, impressionné par ce coup d'audace, prend la fuite. Le moulin est pris d'assaut et ses défenseurs passés au fil de l'épée.

Le connétable, dont les hommes auraient eu beaucoup à souffrir de l'espringale gardant le pont, se tenait à distance. Mais, à la vue du succès de son aile gauche, il poussa l'attaque à fond, et les Flamands, ébranlés par la défaite de leur aile droite, ne tardèrent pas à lâcher pied et à abandonner la tour de bois et le pont qu'elle défendait. Ils avaient perdu 700 hommes. Le village fut pillé par les vainqueurs.

Cependant les Français ne purent garder leur conquête ; Philippe de Thiette, en effet, était accouru à la nouvelle qu'on menaçait le passage et il n'était plus éloigné que de deux à trois lieues. Le connétable recula devant un ennemi supérieur et repassa la Deûle. Mais à son tour il fortifia le Pont-à-Vendin, en construisant sur la rive d'Artois des tours de bois. Chaque jour avaient lieu de petits combats. Dans l'un d'eux, perdit la vie avec ses neuf compagnons, Gautier de Joinville, neveu de l'illustre Joinville, l'historien de Saint Louis, lequel, après s'être opposé au passage d'une division flamande, l'avait bravement suivie sur l'autre rive où il devait succomber sous le nombre.

Les Gantois entreprirent alors de traverser par le moulin où ils se servirent de plusieurs espringales qui débusquèrent l'ennemi de la rive opposée, tandis que les Brugeois, reprenant à leur compte le premier plan du connétable, franchissaient le pont, de sorte que bientôt toute l'armée flamande fut sur la rive gauche. Le lendemain les deux armées passèrent la journée entière dans un vif combat de tirailleurs ; mais les forces étaient trop inégales, et l'armée du roi, continuant à se faire attendre, le connétable alla la rejoindre à Arras, après avoir laissé de fortes garnisons à Lens et à Béthune. Les Flamands, trouvant le pays libre, y recommencèrent leurs dévastations. Le monastère de La Bassée fut pris après trois jours de combat. Toute la contrée, jusqu'aux faubourgs de Lens et de Béthune, fut ravagée et les tours de bois, construites par les Français à Pont-à-Vendin, furent détruites.

Cependant le roi arrivait à Arras le 25 juillet. Philippe de Thiette se retira derrière le Boulenrieu. Outre l'attaque du Pont-à-Vendin, les lieutenants du roi avaient essayé de trouver un accès en Flandre près de Saint-Omer, en s'attaquant aux marais de la Lys et de l'Aa qui, en cette région, défendaient la Flandre occidentale. Mais, repoussés par Guillaume de Juliers, ils n'avaient pas mieux réussi.

N'espérant plus s'emparer par la force du Boulenrieu, ni du passage de Pont-à-Raches sur la Scarpe, le roi demanda à son allié, le comte du Hainaut, l'autorisation de passer sur ses terres et résolut de gagner Tournai par l'Ostrevent. Il concentra donc son armée le 30 juillet près de Fampoux, dans un camp où il séjourna trois jours, vraisemblablement pour régler la tactique à suivre et attendre les retardataires. C'est là seulement qu'arriva le corps du Languedoc, lequel fit partie de l'arrière-garde avec la division du comte de Savoie.

L'avant-garde fut formée par les mercenaires sous les ordres du connétable. L'infanterie de ce corps était commandée par Thibaut de Chepoix. Guiart nous fait voir le camp entouré d'une rangée de chariots qui avait une grande lieue de circuit. Le quartier du roi, bien gardé, occupe le centre d'un vaste rectangle percé de larges rues. Les chevaliers logent sous la tente; mais l'infanterie bivouaque comme elle peut. Nous trouvons déjà, dans le récit de Guiart, l'esprit de ressources du soldat français qui sait improviser un abri et une cuisine :

> Ceux à pié, qui n'ont pas de rentes
> Ni deniers dont ils aient tentes
> Courent les arbres ébranchier.
> Vous les verriez branches trancher
> Et vers les serjanz les trainer ;
> Et petits rameaux incliner
> Et faire loges et feuillies
> Des branches qu'ils ont cueillies.

Le 4 août, l'armée se remit en marche et passa la Scarpe à *Vitry*. Douai fit encore belle contenance. On passa outre. Les Flamands s'étaient portés à *Pont-Aresse* (Pont-à-Raches). On renonça à une attaque sur ce point, et on poursuivit la marche au sud de la Scarpe au delà de *Ferin*, vers *Somain*, sans quitter les crêtes de séparation des eaux. L'armée française marchait à petites journées. On campa près du monastère de *Denain*.

L'armée flamande, de l'autre côté de la Scarpe, suivait pas à pas tous les mouvements de l'ennemi, de sorte que tous les passages furent trouvés occupés par eux. On parvint ainsi, à travers la forêt de *Vicoigne*, au sud de *Saint-Amand*. On laissa Valenciennes sur la droite et on passa l'Escaut à Condé. La marche fut alors poursuivie sur la rive droite de l'Escaut jusqu'à Tournai. On arriva dans cette ville le 9 août.

Pendant les trois jours que les Français passèrent à Tournai, le roi, pour faciliter son entrée en Flandre wallonne en laissant les Flamands dans l'incertitude sur ses projets, envoya Thibaut de Chepoix avec un corps d'armée faire une razzia dans le pays d'Alost. D'autre part, on construisit un pont sur l'Escaut en dehors des murs de Tournai et, après s'être agenouillé dans l'église cathédrale et avoir mis son armée sous la protection de Notre-Dame, le roi franchit l'Escaut et entra en Flandre wallonne.

Les Flamands s'étaient repliés derrière les marais de la Marcq et gardaient les deux passages de *Bouvines* et de *Pont-à-Tressin*. C'est là que Guillaume de Juliers, quittant les bords de l'Aa qu'il n'avait plus à défendre, rejoignit le gros de l'armée où il trouva, fraîchement arrivés, Jean de Namur et Robert de Nevers, le plus jeune des fils de Robert de Béthune. La concentration des Flamands était complète ; malheureusement il leur manquait Jean de Renesse, l'un des héros de Courtrai, et l'intrépide Gui de Namur, occupés l'un et l'autre par la campagne de Hollande. Quelques essais infructueux firent voir aux Français que vouloir passer les marais de la Marcq ainsi défendus était fort hasardeux. Ils résolurent de franchir la rivière à sa source et se dirigèrent vers *Mons-en-Pèvele*. Ils abordèrent au passage *Orchies*, qui ouvrit spontanément ses portes et le roi confirma ses franchises. Philippe le Bel y établit son quartier général. Les vivres pouvaient y arriver en assez grande abondance, car les communications étaient assurées par Valenciennes et Cambrai.

Le mardi 11 août, l'armée s'ébranla de nouveau et, se dirigeant vers *Faumont*, alla s'établir le long de la route de Lille, à l'est et à une demi-lieue de *Mons-en-Pèvele*, en face de *Pont-à-Marcq* [1]. Tout le pays fut ravagé par eux ; mais les Flamands ne semblent pas l'avoir épargné davantage. Guiart assure que le jour où les Français arrivèrent à Mons-en-Pèvele

---

[1]. C'est-à-dire entre *Bersée* et le *Blocus*. Ces noms ne sont pas donnés par Guiart. Mais sa description, jointe à celle des *Annales de Gand*, fait reconnaître l'endroit sans peine.

      François costoiant mainte selve
      Se vont logier sous Mons-en-Pelve
      Tout au lonc d'un larriz (terre inculte) sauvage
      Plain de fossez près de boscage
. . . .
      Se restoit l'ost des Flamens mise
      Au Pont à Marque *droitement*
      A une *lieue* seulement.

Plus loin Guiart dit que les Flamens établis à Mons-en-Pèvele étaient à une demi-lieue du roi.

Selon les *Annales Gand.*, le roi s'établit à l'est du mont de Pèvele... à une petite lieue à peine. « Versus ortum solis a monte Pavellensi, etc. »

— 47 —

et les Flamands à Pont-à-Marcq (11 août), il n'y avait pas un endroit entre Douai et Lille qui n'eût été incendié.

Cependant les Flamands qui avaient remonté la Marcq parallèlement à l'armée française, mais sur l'autre rive, arrivèrent à Pont-à-Marcq le même jour que les Français au pied de Mons-en-Pèvele ; et ayant compris que le roi projetait de tourner la rivière à sa source ou plus haut encore, ils allèrent s'établir, le 13 août, à *Drumetz* [1], sorte de défilé entre la forêt de *Phalempin* et les derniers marais de la Marcq.

Le roi s'était arrêté le 12 afin de démêler les intentions des Flamands, et le jeudi 13 il se mit en marche pour les attaquer. Il les trouva en bel ordre de bataille, et, grâce au marais, dans une position si favorable, qu'il eut été folie, dit l'*Artésien*, de tenter l'aventure. « Si rewarda-on que pour les marès qui estoient entour ans c'on feroit folie d'assauler à ans. » C'est aussi l'avis de Guiart.

> En tel lieu que sans l'eschever,
> Ne les peust nus homs grever.

D'ailleurs le roi avait d'autres raisons de refuser la bataille. Il voulait laisser à une grave nouvelle le temps d'arriver aux oreilles de l'armée flamande, espérant bien qu'elle y jetterait le découragement et la démoralisation.

Un courrier venait de lui apprendre la défaite des Flamands à *Ziéricksée*.

Bataille de Ziéricksée.

Ce n'était pas seulement sur terre que Français et Flamands étaient sur le point d'en venir aux mains dans une lutte gigan-

---

1. Le général Kœhler fait remarquer que ce nom ne se trouve pas dans Guiart, mais que l'endroit est néanmoins clairement indiqué par ce passage :
> Li Flamenc le jeudi s'esmurent
> . . . .
> Mi voie de l'ost le roi vindrent
> Sus l marès....

On lit aussi plus bas que, pour s'y rendre, les Français durent tourner le mont : « François qui la tournèrent. »

tesque et décisive. Sur mer leurs flottes étaient en contact ; et tous les regards se portaient anxieux de l'un à l'autre point, là où allaient peut-être se jouer le sort des deux nations belligérantes.

Gui de Namur et Jean d'Avesnes, l'allié du roi de France, comte de Hainaut et de Hollande, se disputaient la Zélande, province contiguë à la Hollande et à la Flandre. Les Flamands l'avaient conquise en grande partie ; mais la ville forte de Ziéricksée, située dans l'île de Schouven, résistait héroïquement à un siège prolongé et terrible. Ému d'admiration, Philippe le Bel déclara qu'il ferait tout pour sauver cette ville et il avait envoyé, sur les côtes de la Zélande, ses deux plus habiles amiraux, le Génois Renier Grimaldi et le Calaisien Pédogre, à la tête d'une flotte puissante, composée de 30 galères françaises, de 8 galères espagnoles et de 16 vaisseaux génois. Guillaume, fils de Jean II d'Avesnes, vint les rejoindre devant Ziéricksée. La flotte de Gui de Namur était plus importante encore.

C'est le 10 août 1304 que les deux flottes se heurtèrent en face de Ziéricksée. Gui de Namur, après avoir laissé quelque infanterie à la garde du siège, monte à bord avec son armée, et vers le soir, il profite de la marée pour faire toutes voiles sur l'ennemi. (*Le Glay, suivant Ann. Gand.*). Les gros bâtiments étaient attachés ensemble avec d'énormes câbles et portaient les hommes les plus aguerris, tous armés de pied en cap sur le pont et dans les haubans, où se trouvaient à profusion des flèches, des carreaux, des dards et mille autres projectiles. Les galères, ou bateaux à rames, étaient également chargées de combattants déterminés, et se déployaient au large pour harceler l'ennemi. La bataille s'engagea au déclin du soleil avec un acharnement terrible : les cris, les éclats des trompettes, le bruissement du vent et des flots, le craquement tumultueux des navires qui s'entrechoquaient formaient une si prodigieuse clameur qu'on l'entendait, dit-on, à trois lieues au loin. Une multitude de gens périrent des deux côtés et les ténèbres de la nuit mirent seules fin au carnage ; puis la mer se retira bientôt et laissa les deux flottes échouées dans la vase à proximité l'une de l'autre. A l'aube du jour, lorsque la mer monta, on vit les vaisseaux de l'amiral unis par des chaînes de fer, comme ils étaient durant le combat ; les gros navires de Gui au contraire flottaient dispersés à l'aventure. Grimaldi avait pendant la nuit fait couper les câbles.

La position était perdue pour les Flamands : la lutte recommença néanmoins, mais sans unité, sans direction ; le découragement et le désordre se mettent bientôt dans la flotte de Gui. Tandis qu'un grand nombre de ses navires se sauvent, Gui de Namur veut résister jusqu'au bout. Mais il tombe au pouvoir de l'amiral qui l'envoie au roi de France par la voie de Calais. Quand les gens laissés au siège virent la catastrophe, ils coururent vers la mer dans un coin de l'île où se trouvaient quelques bateaux. Ils s'y jetèrent avec précipitation et à l'envi; mais il resta 3.000 Flamands auxquels Gui n'avait laissé ni tentes pour s'abriter, ni vivres pour se nourrir. Ceux-ci furent prisonniers. Peu de temps après, le brave et habile Jean de Renesse périt misérablement en s'enfuyant sur une barque. Le désastre était complet.

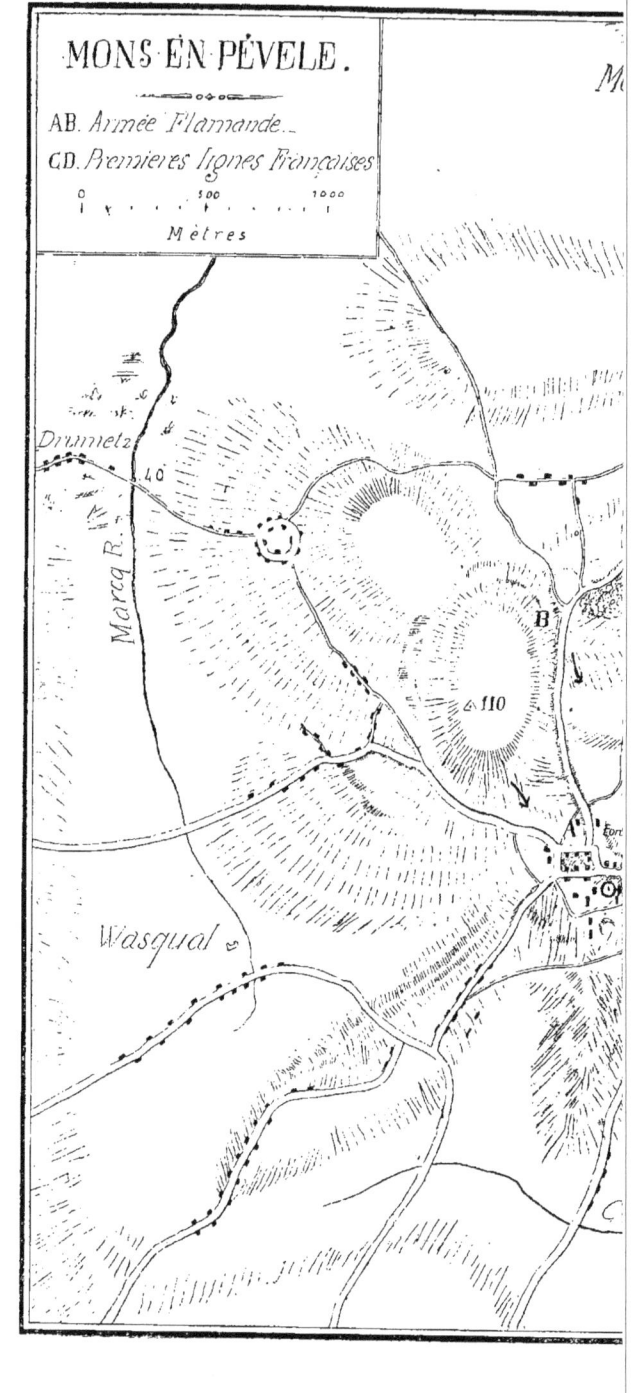

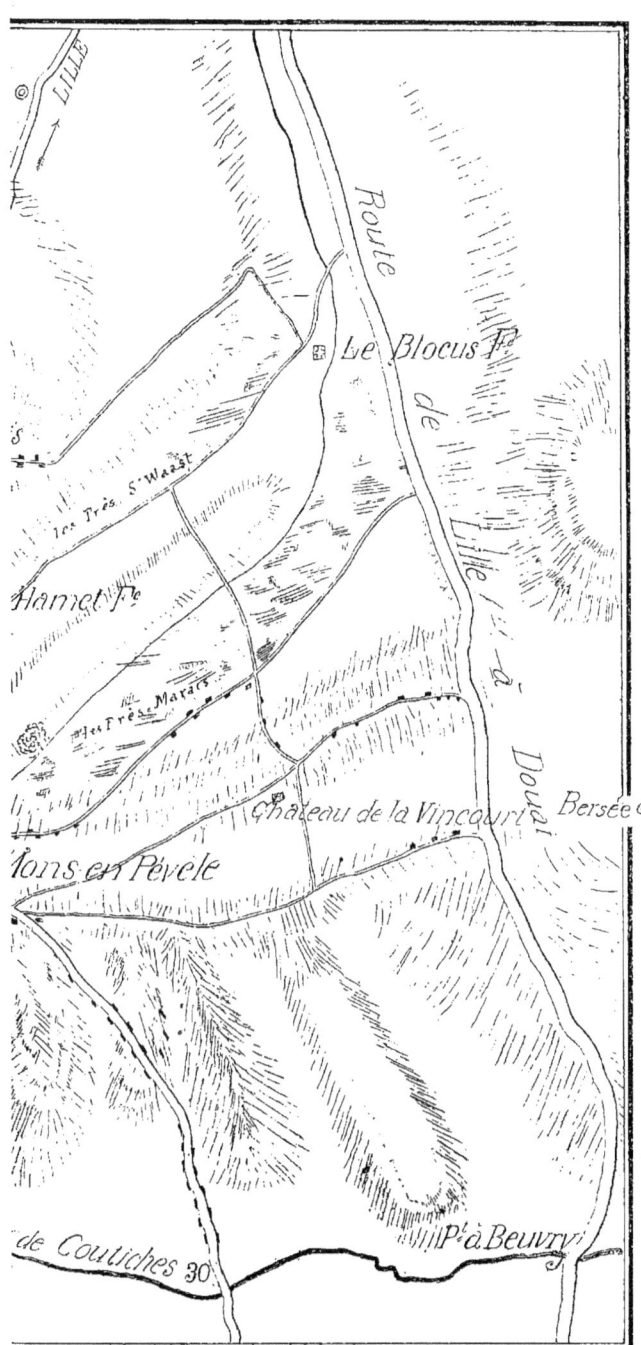

CHAPITRE CINQUIÈME

A MONS-EN-PÈVELE

Nous avons dit que le roi avait refusé la bataille à Drumetz. Revenu à son camp, sous Mons-en-Pèvele, il dépêcha [1] des hérauts aux chefs flamands pour leur demander une conférence et traiter de la paix. On était à l'avant-veille du 15 août, fête de l'Assomption de Notre-Dame. « Il est bien à espérer, disaient les envoyés français que, en raison de la solennité, le roi se montrera plus accommodant et que l'intercession de Notre-Dame rendra plus facile la conclusion de la paix. » On conclut un armistice pour le vendredi, le samedi jour de la fête, et le dimanche. On emploierait ces trois jours à discuter les conditions de la paix. L'incendie ayant détruit tous les édifices de la région, on se réunit près de l'église de Mons-en-Pèvele, en plein air, dans un creux de terrain aux pentes gazonnées et ombragées, et connu dans le pays sous le nom de *Parolant* [2].

---

1. D'après l'Artésien, les Flamands auraient eux-mêmes, les premiers, proposé les pourparlers.
2. Guiart dit simplement :
> Loignet de l'ost, près de l'yglise
> Qui sous Monz-en-Pelve est assise.

Que cette réunion se soit tenue au Parolant, cette phrase de Guiart, le nom de l'endroit, la tradition et surtout la parfaite convenance du lieu à une réunion de longue durée, en plein air, donnent à cette assertion une vraisemblance voisine de la certitude. — *Parolant*, du verbe *paroler* : « El flo de ceus dont je *parole*. » (Guiart).

— 53 —

Du côté des Français l'armée était représentée (*Guiart*) par le duc de Bourgogne, le duc de Bretagne, le comte de Savoie, les deux maréchaux Foulques du Merle et Miles de Noyers, les seigneurs Guillaume de Harcourt, Foulques de Régny et Brun de Vernueil. De leur côté, les Flamands avaient envoyé (*Guiart et l'Artésien*) les seigneurs Jean de Schoorisse, Gérard Moor, Alart de Roubaix, Gérard de Sotteghem, Gérard de Verthois, Jean de Guyk et douze bourgeois. Les pourparlers durèrent deux jours. Les Flamands déclaraient (*Ann. Gand.*) qu'ils ne demandaient pas mieux que de déposer les armes. Mais il fallait leur promettre la vie sauve et la conservation de leurs franchises. Ils élèveront cent chapelles expiatoires où il sera fondé des messes à perpétuité pour les victimes des matines de Bruges. Le roi demandait en gage plusieurs villes flamandes, une forte indemnité pécuniaire et le châtiment des coupables. On ne parvint pas à s'entendre et il fallut se séparer [1]. Mais le but du roi était atteint : le désastre de Zierickzée était maintenant connu de toute l'armée flamande.

Malgré la rupture des négociations, le roi ne semblait pas décidé à accepter la bataille. Il faut dire que le souvenir des fondrières de Courtrai l'accompagnait partout comme un cauchemar, et pour rien au monde il n'aurait engagé une action dans un terrain marécageux. Il prenait donc ses mesures pour lever le camp et s'en aller ouvrir le pas de Pont-à-Vendin, afin de permettre aux vivres de lui arriver par l'Artois, quand les Flamands le prévinrent [2] et se logèrent à Mons-en-Pèvele même, si près de lui qu'il eût paru les fuir s'il ne fût demeuré (*Chr. Art.*). Que s'était-il donc passé ?

---

1. D'après les *Annales Gand.*, les deux armées seraient restées en présence à Orumetz durant les négociations. Le roi ne serait donc venu camper sous Mons-en-Pèvele que le lundi 17 août. Le général Kœhler dit avec raison que les détails fournis par Guiart donnent plus de vraisemblance à son récit.

2. « Li Flamenc, ensi c'on se cuidoit des logier, vinrent avant et se mirent à logier en un mout bele pièche de terc deseure Mons-en-Pèvre. » (*Chr. Art.*)

La nouvelle de la défaite de Ziéricksée avait jeté la consternation dans l'armée flamande. Mais, loin de les abattre, elle n'avait fait qu'exciter leur ardeur et ils appelèrent à grands cris la bataille, jurant de prendre sur le roi une éclatante revanche. Philippe de Thiette, cédant à leurs instances et voulant mettre à profit un si noble élan, vint, en face des Français, établir son camp sur le mont de Pèvele, résolu à l'attaque pour le lendemain. Le roi, à qui on offre une colline pour champ de bataille, relève le défi et se prépare résolûment au combat. Chacun reçoit l'ordre de garder son poste et de se ceindre d'une écharpe blanche pour se reconnaître pendant le combat. Les ribauds, dit Guiart, utilisèrent à cet effet leurs chemises. La nuit venue, le comte de Saint-Pol (*Guiart*) est envoyé aux avant-postes avec son détachement, auquel est adjoint un renfort de 5oo Normands. Le connétable offre en outre au comte 5oo hommes d'armes, mais celui-ci les renvoie. Immédiatement derrière le comte se tient Thibaut de Chepoix, le grand maître des arbalétriers, avec ses fantassins, en position de bataille. Au point du jour, le comte de Saint-Pol se repliera derrière eux.

La colline de Mons-en-Pèvele [1], qui va être témoin d'une des plus grandes batailles du moyen âge, est située à quatre lieues de Lille et trois de Douai, à la source de la Marcq et du courant de Coutiches ou Beuverie. Son point culminant est à 110 mètres au-dessus de la mer; elle domine la plaine de 75 mètres à peine. Cette colline a la forme d'un ovale presque parfait à grand axe exactement dirigé du nord au sud. Au nord et à l'ouest, elle descend brusquement, en quelques échelons rapides et escarpés

---

[1]. M. Brassart, archiviste de Douai, remarque avec raison (*Compte rendu des travaux du Congrès arch. et hist. de Mons*) que « le mot *Pèvele* qu'on traduisait par *Pabula* et qui se prononce *Père* chez les habitants du pays, les *Pavelains*, *pabulani*, devrait s'écrire avec un seul accent : *Pèvele* et non *Pévèle*. — *Puelle* provient de la confusion entre le v et l'u. » — Les historiens contemporains de la bataille écrivent : Monz-en-Pelve, Mons-eu-Peule, Mons-en-Peuele, Mont-eu-Puele, Mont-en-Peivre, Montepeivre, Mons-en-Pèvre, et en latin : Mons-in-Pabula, Mons-in-Pabulo, Mons-de-Pabula, Mons-Pavellensis, Mons-in-Pascuis, Mons-in-Pevela.

et rendus plus inaccessibles encore, surtout à l'époque qui nous occupe, par des buissons impénétrables. Au sud et à l'est, la pente est douce. Au sud-est la colline, à peine descendue de 20 mètres, s'étale en un palier qui porte l'église et la partie centrale du village, comprenant probablement alors de 60 à 80 maisons. La colline envoie aussi, dans la direction du nord-est, un seuil qui sépare deux vallées, les *Prés-Saint-Vaast* et les *Prés-Marais*. Le fond de ces vallées était marécageux et elles constituaient, même en été, du moins celle des *Prés-Marais*, une gêne sérieuse aux manœuvres d'une armée.

Faisant suite au pavé qui descend de l'église vers le village de Mérignies, il existe un chemin de culture connu sous le nom de chemin *Montusse* [1]. Ce chemin traverse le coteau par le flanc, du sud au nord, et mesure, des dernières maisons du village à la chute de la colline, 800 mètres environ. Dans son premier tiers, il gravit une côte et se trouve encaissé ; dans le second, il suit la double pente d'un pli de terrain ; puis devient sensiblement horizontal, jusqu'à ce qu'il se précipite définitivement vers la plaine. En ce point la colline est échancrée par un pli bien accusé, au fond duquel se trouve la ferme du Hamet. Ce pli était boisé à l'époque de la bataille. Il est encore connu sous le nom de Bas Bois [2]. Enfin le chemin Montusse, que nous venons de voir encaissé dans son premier tiers, court tout le reste de son parcours, en contrebas d'un talus haut de six pieds. C'est sur le haut de ce talus que vint se ranger, face à l'est, l'armée flamande, le *mardi matin 18 août* [3].

---

1. Ce chemin était alors le seul qui menât à Lille par Pont-à-Marcq ; depuis on en a créé un autre plus carrossable et qui dessert la ferme du Hamet.

2. Ce bois est figuré dans un plan cadastral de 1729 conservé aux Archives du Nord.

3. Le récit de la *Chronique Artésienne* relatif aux dispositions de l'armée flamande est fort difficile à suivre. Après avoir dit que les Flamands se sont logés « en un mout bele pieche de tere deseure Mons-en-Pèvre », c'est-à-dire sur la colline cotant 110 mètres, il ajoute que, le matin de la bataille, « ils vinrent et passèrent outre un mareskel qui était entre leurs tentes et Mons-

Le soleil n'était pas encore levé que déjà les Flamands, pleins de résolution et désireux d'en venir à une action décisive, faisaient leurs préparatifs de combat. A voir la position escarpée qu'ils avaient choisie, le roi s'était demandé s'ils n'avaient pas l'intention de s'y fortifier. Il n'en était rien, car on les vit coucher leurs tentes à ras du sol, pour que personne ne pût s'y cacher, et, laissant sur le haut de la colline et aux alentours tous leurs bagages sans exception, descendre à mi-côte et venir se ranger, le long du chemin Montusse, face à l'ennemi. L'armée française s'ébranla aussitôt à sa rencontre et vint évoluer dans la plaine située entre les Prés Saint-Vaast et les Prés-Marais.

Comme à Courtrai tous ceux, parmi les Flamands, qui avaient des chevaux, les quittèrent et se mirent à pied; outre qu'ils aimaient mieux guerroyer de cette façon, ils avaient encore un autre motif pour se défaire de leurs montures : ils

---

en-Pèvre ». Or, entre la colline et le village, il existe un plan fortement incliné qui n'a jamais pu être un marais. Il s'agirait donc des Prés-Marais. Mais il est bien peu exact de dire que ce marais est situé entre la colline et le village. Continuons : « Si se hourdirent (se retranchèrent) de leurs cars et si se mirent en conroi (rang) autour de le vile de Mons-en-Pèvre, et adossèrent leurs cars et les haies de le vile ». A première vue, on comprend les Flamands adossés au village et regardant le sud. Cependant on lit plus loin : « Si chevaucha le bataille monseigneur Thiébaut de Chepoi... *au deseure* de le vile pour aler au derrière d'aus, et le connétable... *au dessous*, à *main senestre* (gauche) ». Les Français, regardant les Flamands, ont le nord devant eux et l'ouest à gauche. L'Artésien prétend donc que l'ouest est *au-dessous* du village et l'est *au-dessus*. Or c'est le contraire qui est la vérité. Alors où les mettre ? — En A B (voir la carte) et regardant l'est, comme le fait Guiart ? Cette fois les Français, tournant l'armée flamande par la droite, seront bien au-dessus du village, et au-dessous, s'ils tournent par la gauche. Mais que vient faire alors le marais ? Que font aussi les haies du village auxquelles on s'adosse ? Guiart, au contraire, entre dans une telle abondance de détails, sa description est si précise et si rigoureuse qu'il entraîne la conviction. C'est bien l'homme qui a vu et qui a retenu.

— Nous devons cependant avouer notre étonnement de n'avoir jamais trouvé, sur le champ de bataille, une seule des pierres de fronde et des pierres de catapulte, celles-ci grosses comme le poing, qui y furent jetées en grand nombre. Et cependant, sauf en pierres à nummulites, très caractéristiques et spéciales à l'endroit, le sol y est extrêmement pauvre en pierres quelconques. Il est vrai de dire qu'on ne trouve les pierres en question sur aucun autre point du territoire.

ne se fiaient guère aux nobles qui se trouvaient dans leurs rangs. En forçant les chevaliers et écuyers à se battre à pied comme eux, ils n'avaient pas à craindre qu'ils fissent volte-face aussi facilement.

Le corps de bataille s'étendait sur une seule ligne longue et profonde. Guiart lui donne une longueur de 1.030 pas sur une épaisseur de 60 pieds. Elle allait donc depuis les dernières maisons du village jusqu'au bosquet du Bas-Bois. La droite (*Ann. Gand.*) était occupée par les gens de Bruges, commandés par Philippe de Thiette ; la gauche par ceux de Gand, que dirigeait Jean de Namur ; le centre par les milices d'Ypres, de Lille et de Courtrai, en tête desquelles figuraient Robert de Nevers et Guillaume de Juliers [1].

Les Brugeois, à l'aile droite, avaient donc devant eux le chemin creux ; de plus, à 150 mètres [2] en avant et à l'extrême droite, coulait vers les Prés-Marais une fontaine, appelée *Fontaine Saint-Jean* [3].

Les Gantois, à l'aile gauche, s'appuyaient au petit bosquet du Bas-Bois [4].

---

[1]. Ce n'est pas l'ordre donné par Guiart ; mais il est à croire que l'historien flamand était mieux renseigné à cet égard que le français.

[2]. Plus près peut-être, car il est possible que les Brugeois aient quitté en ce point le talus pour s'appuyer plus efficacement sur les haies du village qui, à cette époque, s'étendait vers le nord un peu moins qu'aujourd'hui.

[3]. Guiart dit : « *Cil a'Ypre* » (pour ceux de Bruges) (voir note 1).
> qui aval estoient
> Un fosse devant eux avoient
> Qui forment les asseura (qui les protégea beaucoup).
> Jusques vers ceus de Gant (pour ceux d'Ypres) dura
> Un autre fosse pres d'eus rurent
> Plain d'yeau.

Guiart revient longuement sur ce chemin creux et cette source.

Ce « *fosse devant eux* » est un chemin creux. En effet, on ne se battra pas pour y boire, comme a « *l'autre fosse plain d'yeau* » ; de plus, l'historien fait dire à Thibaut de Chepoix qu'il protège les Flamands aussi efficacement que s'il contenait de l'eau, donc il n'en contenait pas.
> Cel fossé qui est devant eus
> Fait leur flo plus espoventeus.
> Que s'en lieus fussent ayrez (inondés).

[4]. M. le général Kœhler, étranger au pays, ignora l'existence du Bas-Bois, et peut-être même celle de la fontaine Saint-Jean. Trompé d'ailleurs par un

— 58 —

Ce corps de bataille comprenait au moins 100.000 combattants (*Ann. Gand.*).

Derrière cette ligne formidable (*Ann. Gand. — Guiart. — Chron. Art.*), les Flamands avaient, en grande hâte, et avec une habileté remarquable, construit un triple rempart qui les protégeât contre la cavalerie ennemie, dans le cas où elle viendrait à les attaquer par derrière. Pour cela, ils avaient amené, près de leurs positions, tous leurs chariots et charrettes, et, la faisant glisser entre les deux limons, ils avaient adossé chaque voiture à l'avant de sa voisine; après quoi, de forts liens rattachaient toutes les voitures ensemble. On eut encore

bosquet de plantation assez récente, à l'ouest du Bas-Bois, il recule l'aile gauche des Flamands jusqu'à cet autre bosquet, et ne tient aucun compte du chemin Montusse. Il nie l'existence du fossé et de la source. Guiart, dit-il, aura imaginé un fossé couvrant le front des Flamands, pour excuser la cavalerie française de son manque de résolution dans l'attaque. On voit ce qu'il faut penser de cette opinion.

Pour justifier notre opinion touchant l'emplacement de l'armée flamande, il nous semble utile d'insister sur les textes. Nous avons déjà démontré, d'après Guiart et les *Annales Gandenses*, que l'armée française était campée entre le Blocus et Bersée, c'est-à-dire à l'est du mont. Or, c'est bien en face d'eux que les Flamands s'établissent pour les provoquer au combat et sur la déclivité de la colline.

Vers François un poi se dévalent
. . . .
Sous Mons-em-Pelve en un pendant (pente)
Ou Flamens se vont estendant.

Donc ils regardent l'est; et leurs lignes, ainsi que celles des Français, ont la direction du nord au sud. C'est encore ce que dit Guiart:

De midi à septentrion
Ou les conrois sont étendus.

Cette ligne flamande mesure 1.030 pas (du moins les chariots qui la couvrent en arrière), c'est-à-dire à peu près 800 mètres; son extrémité gauche touche un bosquet et est contiguë à un terrain particulièrement accidenté.

Li connestable (qui tourne l'aile gauche flamande)
Passe outre... par assez perilleux passage
Entre Flamens, en un boscage
Cis passages iert un destroit
Peuplé de fossez et estroit.

L'aile droite a devant elle un chemin creux et près d'elle une source. La gauche est plus haute que la droite.

21.020. *Les uns au bout d'*AMONT *s'entassent*
Entre Flamens et le bois passent.

(L'autre bout s'appelle *le bout d'aval*).

20.195. *Cil d'Ypres qui* AVAL *estoient*
Un fossé devant eus avoient, etc.

Tous ces détails sont d'une précision merveilleuse et nous livrent le signale-

soin d'enlever à chacune une de ses deux ou quatre roues. On fit ainsi trois rangées, ménageant entre elles deux ruelles, qu'on rendit intentionnellement tortueuses, pour en mieux défendre l'accès.

Ruelles et voitures étaient occupées par une garnison vaillante et déterminée. Enfin, pour donner un air martial à cet ensemble un peu fruste, on l'orna d'armoiries et de bannières claquant au vent.

Ce dut être un spectacle imposant et bien fait pour intimider les plus braves, que celui de cette vigoureuse armée flamande, fière encore de ses retentissants succès, et offrant bravement aux coups de l'ennemi, en toutes ces poitrines cuirassées de fer, un mur inébranlable, hérissé de piques et de godendags menaçants. Les rangs étaient si serrés qu'un enfant n'eût pu s'y faufiler. Dans ces guerres de lutte corps à corps, où le bouclier jouait un si grand rôle, il fallait avant tout éviter d'être pris à dos. Aussi l'armée qui se laissait

---

ment complet du chemin Montusse. — Le récit du cordelier gantois, pour être plus sobre de détails géographiques, n'en est pas moins suggestif. Ayant d'abord annoncé que les Français campaient à l'est du mont, le chroniqueur ajoute que les Flamands s'avancèrent, tous à pied, tournés vers le roi et son armée. *Omnes pedes versus regem et exercitum suum profecti sunt.* Son amour-propre d'historien flamand — pour reprendre à rebours l'argument de M. le général Kœhler — l'empêcha sans doute de parler du chemin creux (ce qui paraîtra moins grave que de l'inventer de toutes pièces, comme on en accuse Guiart) ; mais combien son récit le laisse deviner! En effet, l'effort de la cavalerie française porte avant tout sur les Gantois, parce qu'ils formaient une aile : « *Potissime autem inter Francos et Gandenses erat pugna gravior* »…. « *Acies totalis Gandensium eos non poterat sequi, ne inter eam et munitionem curruum Franci cum equis suis facerent divisionem,… tenebant enim cornu sinistrum* ». Les Français, cherchant à s'insinuer entre les chars et les Flamands, s'attaquaient de préférence à l'aile gauche. Mais la même tactique appelait la même attaque contre l'aile droite. Cependant les Brugeois de l'aile droite sont laissés en repos et n'ont à souffrir que de *la chaleur*.» *Præter Brugenses qui nihil mali nisi estum patiebantur.* » Gantois, Yprois et les autres, à un certain moment, répondent aux charges de la cavalerie par l'envoi de petits détachements de vingt, trente ou quarante hommes ; mais toujours à l'exception des Brugeois « *præter Brugenses* ». Enfin, après que les arbalétriers eurent échangé leurs traits, ceux des Flamands coupèrent les cordes de leurs arbalètes pour en frapper les jambes des chevaux, encore à l'exception des Brugeois « *præter Brugenses* ». Derrière leur fossé, ils n'auraient pu atteindre les chevaux, pas plus que ceux-ci ne pouvaient les atteindre.

entamer la première avait-elle deux chances contre une d'être vaincue.

	BRUGES (Philippe de Thiette)	YPRES (Guill. de Juliers)	COURTRAI et LILLE (Robert de Nevers)	GAND (Jean de Namur)
Avant-garde	Thibaut			20.000 arbalétriers et bidaux 1.000 cavaliers
1re ligne		Maréchal — Maréchal	Connétable	4.000 cavaliers mercenaires
2e ligne	Saint-Pol — Valois	Évreux — Le Roi	Bretagne — Bourgogne	5 à 6.000 chevaliers
3e ligne	Divis. du Languedoc	Comte de Boulogne (?) (machines)	Comte de Savoie	60.000 fantassins
Arrière-garde		Troupes des communes		

Dispositions des deux armées avant l'action.

Les Français se disposèrent en avant de leur camp sur trois lignes, un peu moins étendues que celle de l'armée ennemie, et front vers l'ouest. En avant marchaient à pied les arbalétriers, commandés par leur grand maître, Thibaut de Chepoix, et dont le corps occupait (*Guiart*) un carré de la longueur d'un trait d'arbalète et profond d'au moins cent pieds. Le général Kœhler l'estime, d'après ces mesures, à 20.000 hommes. C'est de ce corps que faisaient partie les *bidaux*, mercenaires espagnols et navarrais, armés à la légère, petits et agiles, se servant de la lance et de deux dars, ayant un couteau à la ceinture et maniant la fronde avec une adresse surprenante [1]. A ces 20.000 fantassins étaient adjoints, pour

---

1. *Villani* (cité par Kœhler) dit que le roi avait fait préparer pour eux, à Tournai, des pierres pointues taillées au ciseau.

les soutenir, 1.000 hommes d'armes [1] aux armures étincelantes. Ce corps de Thibaut de Chepoix formait une sorte d'avant-garde.

La première ligne comprenait 4.000 mercenaires à cheval, divisés en trois corps que commandaient les deux maréchaux Miles de Noyers et Foulques du Merle et le connétable Gaucher de Châtillon.

La seconde ligne était la plus brillante. Elle se composait de 5.000 à 6.000 chevaliers divisés en six groupes que commandaient le comte Guy de Saint-Pol, Charles de Valois, frère du roi, Louis d'Evreux, autre frère du roi, puis le roi lui-même au milieu de la ligne, enfin le duc de Bretagne et le duc de Bourgogne. Tous s'avançaient dans l'ordre le plus parfait, la lance au poing, en tête le heaume au superbe cimier surmonté des figures d'animaux fantastiques ; la poitrine revêtue de cottes d'armes tissues d'or et d'argent et peintes des couleurs les plus vives aux fières armoiries de leurs aïeux. Leurs grands chevaux de bataille, bardés de fer, et la tête cachée sous un chanfrein magnifique, piaffaient d'impatience et mêlaient leurs hennissements aux bruits des tambours, des cymbales et des trompes de guerre. Là-dessus flottaient dans un ciel d'azur, car le temps était magnifique, les bannières des puissants bannerets et les innombrables pennons des chevaliers, et plus haut que le reste, en face du roi, l'étendard vénéré entre tous, l'*oriflamme* toute rouge et flammée d'or. Cet étendard, religieusement conservé à l'abbaye de Saint-Denis, n'était déployé que pendant la bataille. Aussi, à le voir flotter ainsi au-dessus des têtes, tous les cœurs battaient d'émotion, devant la solennité du moment.

Enfin la troisième ligne formait le corps principal de l'infanterie ; ils avaient une cotte de mailles, un heaume ou bacinet, et portaient une lance ; sur six hommes, deux étaient munis

---

1. On sait que les hommes d'armes étaient à cheval.

d'arbalètes. La division du Languedoc et celle du comte de Savoie occupaient les deux ailes. Au centre se trouvait, ce semble, le comte de Boulogne, gardant les machines de guerre.

Les troupes des communes faisaient l'arrière-garde, veillant à la sécurité du camp.

En somme l'armée française comptait 10.000 hommes d'armes, et 80.000 fantassins [1].

Le roi poussa son cri de guerre « Montjoie Saint-Denis ! » qui fut répété par toute l'armée, et l'on gravit la côte en rangs serrés. Quand on rencontra la ligne flamande il était près de midi.

Un vif combat d'avant-garde commença aussitôt entre les arbalétriers des deux armées. Les javelots volaient de toutes parts, obscurcissant l'air d'une épaisse nuée et rebondissant avec fracas sur les armures et les boucliers. Ce tir dura longtemps, tuant du monde de part et d'autre, mais sans résultat sérieux.

Tout à coup un mouvement se produisit aux premières lignes françaises. Les arbalétriers de Thibaut de Chepoix se replièrent à l'aile gauche où ils continuèrent à batailler contre les Brugeois ; la cavalerie se massa à l'aile droite, tandis que les machines de guerre vinrent s'établir en face du centre, devant les Yprois. Une attaque générale eut lieu alors.

Il y avait cinq machines : deux *espringales* et trois *catapultes* dites *perdreaux*. (*Guiart*) [2].

L'*espringale* était une arbalète gigantesque montée sur trois roues, et dont on bandait l'arc d'acier à l'aide de puissantes manivelles. Le javelot, empenné d'airain, pouvait percer, d'outre en outre, quatre ou cinq hommes. (*Guiart*).

---

1. Guiart dit 100 000 fantassins, Villani 50.000. La vérité semble être entre ces deux chiffres.

2.
Metent François III perdriaus
Jetant pierres aux ennuiaus
Entre Flamens, grosses et males
Joignant d'eus roi II espringales.

Le *perdreau* lançait de grosses pierres. Il était constitué principalement par une sorte de grande cuillère dont le manche, à son extrémité, passait dans un faisceau de cordes tordues, ayant une grande force de rappel. A l'aide d'un treuil, quatre hommes couchaient cette cuillère dans la position horizontale ; on y déposait le projectile et on la laissait se relever brusquement et venir, par le haut du manche, frapper violemment une traverse-obstacle qui l'arrêtait verticalement dans sa course. Les pierres lancées à Mons-en-Pèvele étaient de la grosseur du poing [1].

Pendant que les machines semaient la mort dans les rangs des Yprois, la cavalerie de l'aile droite essayait quelques charges. Mais l'établissement de la ligne ennemie sur le talus rendait ses efforts inutiles ; c'est à peine si leurs lances arrivaient à toucher celles de leurs adversaires. Les arbalétriers flamands s'étaient repliés à l'arrivée de la cavalerie, et, gravissant le talus, au sommet duquel le corps principal, légèrement reculé, avait laissé quelque espace, ils coupèrent les cordes de leurs arbalètes et, s'en servant comme d'une fronde, les lancèrent dans les jambes des chevaux, pour les faire tomber, lorsque la cavalerie, à plusieurs reprises, s'essaya à l'assaut. (*Ann. Gand.*)

On comprit bientôt qu'une attaque de front était vaine, et le roi prit le parti d'attendre que la fatigue, la faim et la soif forçassent enfin l'ennemi à quitter ses positions inexpugnables. Longtemps on se regarda sans rien faire, se contentant de légères escarmouches. Les *bidaux* furent de ceux qui harcelèrent le plus les Flamands. Ils se glissaient sous le ventre des chevaux et, ainsi abrités, lançaient leurs dards à coup sûr.

Cependant les Brugeois, protégés par le chemin creux, avaient conservé leurs arbalètes intactes. La cavalerie française, qui s'était approchée d'eux, dut reculer sous leurs traits, jusqu'à une portée d'arbalète. Là elle attendit.

---

1. « *Quo lapides multi ad magnitudinem pugni humani ejiciebantur.* » (*Ann. Gand.*)

On ne tarda pas, du côté des Français, à s'impatienter. Thibaut de Chepoix, se frayant un passage à travers le village, conduisit ceux de sa bannière derrière les chariots, dans l'espérance d'arriver de ce côté à meilleur résultat. Il y fut bientôt rejoint par le comte de Saint-Pol et les deux maréchaux, tandis que de son côté, le connétable parvint à tourner l'aile gauche des Flamands, par le bosquet du Bas-Bois. L'entraînement devint général, à tel point que la seconde ligne elle-même quitta, presque tout entière, le front de l'ennemi. De toute la cavalerie, la troupe du roi resta bientôt seule en face des Flamands.

Cependant les machines de guerre continuaient à ravager la ligne des Yprois. N'y tenant plus et, profitant de ce que le front des Français s'était dégarni, les gens d'Ypres descendirent tout à coup le talus, et se précipitant en masse sur les cinq machines, en coupèrent les cordes, après une lutte courte et brillante. Une seule machine put être sauvée. (*Art.* — *Ann. Gand.* — *Guiart*). Après ce glorieux coup de main, ils reprirent leurs places, n'ayant perdu que fort peu de monde. Il était trois heures. (*Art.*).

Mais que se passait-il derrière la ligne flamande ?

On tenta d'abord une attaque de front, mais sans succès. Les Flamands, du haut de leurs chars, se défendirent vigoureusement, tandis que ceux des ruelles, se glissant entre les roues, éventraient les chevaux avec leurs longs *godendags* [1].

Sur un point les Français, ayant mis pied à terre, parvinrent à détacher les chariots les uns des autres, pour ménager une entrée à la cavalerie ; mais là encore ils furent repoussés avant d'avoir achevé leur œuvre.

En avant, la cavalerie française (*Ann. Gand.*) essaya à

---

1. Le Godengag était une sorte de hallebarde composée d'une longue pique à lame déliée comme celle d'une dague ; à la naissance du fer apparait une hache à tranchant convexe, mais à corps très mince, tout le fer ressemblant à une double faux, et le mail de la hache est armé de plusieurs pointes. Cette arme terrible est restée célèbre depuis la bataille de Courtrai.

maintes reprises de pratiquer une brèche à travers les rangs des Gantois, à l'extrême gauche des Flamands. Par là elle espérait faire irruption entre l'ennemi et le rempart de chariots. Les assauts furent violents et répétés. Les Gantois, prenant à leur tour l'offensive, lançaient des détachements qui, après avoir bataillé quelque temps, revenaient se reposer à leur place, tandis que d'autres leur succédaient dans la lutte. Mais il leur était impossible de charger à fond, parce qu'ils craignaient que, en s'éloignant trop, ils n'ouvrissent un accès à l'ennemi. Ce fut pendant un de ces combats que 40 cavaliers bien résolus réussirent à se faufiler dans les chariots. Mais tous ces braves furent abattus à coups de piques par les Flamands qui firent demi-tour. Partout donc les Français rencontraient une résistance opiniâtre.

Ce fut alors qu'il vint à la pensée des mercenaires du connétable que les Flamands avaient dû laisser à courte distance, sur la hauteur et aux alentours, leurs tentes et leurs bagages. Ils s'élancent aussitôt de ce côté, en tumulte et à l'envi, et mettent en fuite les valets sans défense chargés de la garde du camp. Tout fut mis au pillage ; et on les vit bientôt revenir chargés d'un magnifique butin qu'ils emportaient au camp français. A leur tour les arbalétriers de Thibaut de Chepoix ne purent résister à la tentation et coururent au pillage Rien ne resta du camp flamand, jusqu'aux tentes et aux chevaux de la noblesse qui furent enlevés sans résistance.

Cependant la chaleur avait été si excessive toute la journée qu'il semblait que le ciel fût embrasé. Parmi les terribles fatigues de cette journée, aucune n'est à comparer au tourment que la soif fit endurer aux deux armées.

Les Français, maîtres de la plaine et de leurs mouvements, purent trouver un peu d'eau aux sources et aux ruisseaux et dans les provisions de leur camp. Cependant ils souffrirent beaucoup de la soif et de la chaleur, surtout les nobles qui se faisaient un devoir de montrer l'exemple et de ne pas quitter leurs rangs (*Guiart*). Un grand nombre moururent d'insolation et de fatigue [1].

Mais c'est surtout chez les Flamands que la soif fit des victimes et causa de terribles souffrances. Debout toute la journée, sous un soleil inexorable, chargés de pesantes armures et serrés les uns contre les autres, ils n'eurent pas une goutte d'eau à boire par la plus terrible chaleur qu'on puisse imaginer. Guiart fait un tableau navrant de leurs tourments. Ils se lamentaient, dit-il, les uns aux autres et s'écriaient : « Oh ! le jour de malheur ! nous allons tous mourir ici. Je sens mon cœur qui défaille, et la mort qui me saisit. » Et ne sachant plus se soutenir, ils se laissaient tomber à terre ou titubaient, le visage pâle et les yeux éteints. D'autres, pour oublier leur soif, serraient de leurs dents le fer de leurs épées, espérant y trouver un peu de fraîcheur. Il y en a qui allaient jusqu'à chercher dans les pires liquides un soulagement à leur soif.

Aussi, malgré le danger de l'entreprise, un certain nombre de Brugeois firent-ils irruption vers la fontaine Saint-Jean, qui était ce jour-là, dit Guiart, une fois plus trouble que de la cendre de lessive. A peine si quelques-uns purent y tremper leurs lèvres, accablés qu'ils étaient aussitôt par les arbalétriers de Thibaut.

Ce fut alors que les Flamands (selon *Guiart*, *l'Artésien*, *Jean de Saint-Victor* [2] et d'autres) firent signe qu'ils désiraient une suspension d'armes [3]. On parlementa.

---

1. Guiart cite parmi ces derniers le comte d'Auxerre, et le frère du comte de Bourgogne.

2. « Ita quod tandem pedites Flandrenses, timore compulsi, contra regis aciem manus tendere cœperunt ac si se regi reddere vellent et ejus misericordiam postulare. Et tunc bellum ad tempus cessavit. »

3. Les *Annales de Gand* mettent des pourparlers beaucoup plus tôt. L'initiative en serait venue du roi dont l'intention aurait été de détourner, pendant ce temps, l'attention des Flamands du double mouvement tournant destiné à les envelopper. Mais on ne voit pas bien comment les Flamands eussent pu empêcher ce mouvement, réduits qu'ils étaient à une immobilité presque complète. Il n'y avait donc pas lieu d'user de ruse.

Il était six heures du soir et comme tout le monde croyait qu'on n'en viendrait pas à une action générale, il y eut une relâche dans l'armée du roi. Déjà une grosse partie de l'infanterie avait quitté le champ de bataille avec son butin et s'enivrait dans le camp. Les nobles qui étaient restés descendirent de cheval, se débarrassèrent de leurs heaumes sous lesquels ils étouffaient, et même de leurs armures, cherchant un peu de fraîcheur sous les arbres.

Le roi lui-même était descendu sur le bord d'un fossé pour se rafraîchir (*Guiart*) tout près d'un petit bois [1]. Il se trouvait tête nue et sans cotte de mailles. — Les Flamands, dans les pourparlers, faisaient les mêmes offres qu'aux jours précédents. Le roi les repoussa.

Jean de Namur, dont la complexion était délicate, et qui avait eu à supporter, avec les Gantois, les plus grandes fatigues de la journée, envoya, dès qu'il connut le refus du roi, dire à Robert, Guillaume et Philippe, qu'il ne pouvait plus tenir. Sous l'impulsion du bouillant Guillaume de Juliers, à qui l'inaction pesait plus qu'à tout autre, on convint qu'on se précipiterait avec ensemble sur les Français inattentifs et qu'on s'en remettrait aux mains de Dieu du succès de l'entreprise. C'est ce qu'on fit.

Le soleil se couchait. Tout à coup, les Français entendirent, du côté de la colline, s'élever une clameur effroyable et, avant qu'ils eussent eu le temps de se reconnaître, toute l'armée flamande roulait sur eux comme une trombe. En ce moment, Guy de Saint-Pol revenait avec ses Picards du rempart de chariots où il s'était tenu jusqu'alors. Surpris par cette avalanche, il est mis en déroute avec tous les siens qui s'éparpillent dans la plaine, en proie à la plus vive terreur. Un grand nombre de chevaliers français, saisissant leur montures, se

---

[1]. *Corpus Chr. Fl. Chr. Comit. Fl.* De Smet I. — Ce bois a été défriché il y a quelques années (voir la carte).

jettent de droite et de gauche dans les fondrières des marais qui bordent le champ de bataille et y périssent, écrasés sous leurs chevaux, comme à Courtrai. Les Flamands, poussés par une aveugle fureur, tombaient et se roulaient avec leurs ennemis ; et beaucoup d'entre eux périrent également, étouffés par la foule toujours grossissante de leurs compagnons. Le sang coulait à flots et les cadavres s'entassaient sur les cadavres dans le plus affreux pêle-mêle.

La lutte cependant n'existait, à vrai dire, que du côté des Prés-Marais. De l'autre côté les Français, démontés, et désarmés, avaient également cherché leur salut dans la fuite, de sorte que la plaine y fut libre en peu d'instants. Ceux parmi les Flamands (*Ann. Gand.*), qui tout à l'heure formaient dans le corps de bataille le centre et l'aile gauche, voyant devant eux la route toute grande ouverte, accablés d'ailleurs de chaleur, de soif et de lassitude, déchirés de blessures et impuissants à porter leurs armes, et aussi profondément démoralisés, s'enfuirent à la débandade et coururent jusqu'à Lille où ils arrivèrent avant la nuit. Jean de Namur et son frère Henri, qui le même jour était arrivé de Douai avec 200 cavaliers de la garnison de cette ville, les avaient accompagnés dans leur fuite.

En somme, seuls les Brugeois luttaient contre la chevalerie française désemparée.

Avec un sang-froid remarquable, le roi comprit aussitôt toute la gravité du moment et le devoir qui lui incombait. Il importait de reprendre la lutte, sinon tout était perdu. Mais une courte résistance offrait des chances de salut, car elle permettrait à l'armée en fuite de se ressaisir, surtout si l'on parvenait à lui faire savoir que le roi était en danger.

Jetant sur sa tête son bacinet, le roi enfourche son cheval de guerre, et pendant que tout fuit autour de lui, aidé seulement de quelques chevaliers fidèles, il s'élance sur l'ennemi au cri de : Montjoie Saint-Denis !

Il était non seulement beau, mais fort et de haute taille. De sa hache il abat tous les Flamands qui l'approchent, tandis que son vaillant porte-étendard, Anselme de Chevreuse, agite sur sa tête, sans discontinuer, l'oriflamme aux couleurs voyantes.

Cependant le danger était terrible. Une colonne compacte fond sur la petite troupe royale. Le cheval du roi est blessé et le monarque est précipité à terre. Plusieurs gardes du corps succombent sous ses yeux. Heureusement qu'il n'avait pas sa cotte de mailles aux fleurs de lys d'or : l'ennemi ne le reconnut pas. Embarrassé dans son armure, le roi ne pouvait se relever et déjà une nouvelle colonne arrivait sur lui.

En grande hâte, ses fidèles écuyers lui amènent une nouvelle monture et au prix des plus grands efforts, car sa haute taille et sa puissante armure le rendaient fort pesant, parviennent enfin à le remettre en selle. Il était temps. La charge passe et écrase ses intrépides défenseurs avant qu'ils aient le temps de reprendre leurs montures. C'était Hugo de Bouville, secrétaire du roi, Jacques Gentien, son grand écuyer et Jean, cousin de Jacques, Brun de Verneuil mort en tenant le frein royal, Anselme de Chevreuse qu'on retrouva serrant dans ses bras la hampe de l'oriflamme en lambeaux.

Le *cordelier gantois* croit que le roi fut alors gravement blessé du même coup qui frappa son nouveau coursier. Les autres chroniqueurs ne parlent pas de cette blessure du roi. Sous l'excitation de la douleur, le cheval, jeune et fringant, et que son cavalier, encore tout étourdi de sa chute et du fracas de la mêlée, ne savait plus maîtriser, emporta le monarque en quelques bonds vigoureux en dehors de la lutte et le sauva ainsi malgré lui, par une visible protection de Dieu, ajoute le chroniqueur flamand.

Cependant la nouvelle du danger couru par le roi était criée dans toute la plaine et il se groupa en quelques instants autour du fanon royal une troupe imposante de défenseurs. On vit revenir d'abord les principaux seigneurs, les frères du roi, le comte de Saint-Pol, le comte de Dammartin, que l'ouragan avait balayés, et, la première surprise passée, on se trouva en mesure de reprendre l'offensive. Les troupes communales, formant l'arrière-garde, n'avaient pas eu à se battre de toute la journée. Elles se jetèrent courageusement dans la mêlée où se signalèrent avant toutes les autres les troupes de Paris (*Geoffroy*). Bien des chevaliers eurent à rougir d'être devancés par elles [1].

Les Flamands, maîtres un peu partout du champ de bataille, s'étaient éparpillés en désordre à la recherche des sources et des ruisselets qui étancheraient leur soif. Quelques-uns mêmes avaient pénétré jusque dans le camp français où ils se gorgeaient des provisions amassées.

Le dernier effort les avait complètement épuisés. Aussi le retour offensif des Français leur fut-il désastreux. Ils ne résistèrent que mollement, et en peu de temps, il y eut de leur côté tant de morts que pas un n'aurait échappé, dit l'Artésien, si la nuit n'eût arrêté le carnage [2].

Il régnait alors une telle confusion que l'on ne savait plus ce que l'on faisait. Mais les ténèbres ne durèrent pas longtemps. On était au lendemain de la pleine lune (*Ann. Gand.*). Bientôt cet astre se leva et l'on put enfin se reconnaître de part et d'autre. Les Flamands rétrogradèrent vers le mont de Pèvele. Là, pour aider à retrouver leur route ceux des leurs qui erraient dans la plaine, ils se mirent à sonner leurs fanfares. Ils se réunirent ainsi en nombre considérable et purent voir, de la hauteur, les Français chercher sur le champ de bataille, à l'aide de flambeaux et de torches, ceux de leurs chevaliers qui avaient péri dans la lutte. Cette vue les réjouit,

---

1. *Geoffroy* :   Borjois avec le roy se tinrent
                      Mès miex celz qui de Paris vinrent
                      Au derrenier, à lor grant honte
                      Y vinrent li duc et li conte.

2. *Chron. Art.* « Tout y fut demouré, se n'eust esté pour le nuit qui apressa le roy et ses gens. »

— 71 —

car ils comprirent que les Français ne les poursuivraient pas. Les Flamands avaient perdu tout leur matériel de campement, leurs provisions de bouches, leurs montures et leurs chevaux de trait. Ils abandonnèrent leurs innombrables chariots, descendirent la colline par le nord et prirent le chemin de Lille.

Au point du jour Philippe le Bel fut surpris de ne plus les voir, car il ne s'était pas rendu compte (*Guiart*), dans le désordre de cette terrible soirée, de l'importance de sa victoire.

« Le mérite de cette victoire, revenait exclusivement au roi, à sa vaillance, à sa fermeté et à la justesse de son coup d'œil. » (*Kœhler*).

Sur le champ de bataille même, Philippe le Bel fit chanter un *Te Deum*. Et dans une lettre écrite par lui peu après l'évènement [1], il portait ainsi à Dieu sa reconnaissance :

« Par un effet de sa bonté infinie et sur les prières de la Vierge, sa glorieuse mère, le Christ a incliné son cœur vers le royaume dont il nous a confié le gouvernement. Il a vu la perversité de nos ennemis et leur cœur sans remords. Il a voulu que notre fidèle armée française, dirigée par sa main puissante, punît les crimes commis. Le 18 du mois d'août, le mardi après la fête Notre-Dame, par la force de cette armée, il a renversé dans la poussière l'orgueil des méchants, nous accordant une victoire glorieuse, merveilleuse, si bien que l'on pût dire justement que ce triomphe n'a pas été l'œuvre d'un homme, mais celle de Dieu. »

Pour fêter sa victoire, Philippe le Bel enrichit les églises; à Paris il fit dresser sa statue équestre, sous les nefs de Notre-Dame, et y institua une fête annuelle au lendemain de l'Assomption [2].

Quelles étaient les pertes des deux armées ? Les chiffres des chroniqueurs ne concordent pas.

---

1. 1304, sept. Du camp devant Lille, citée par Funck-Brentano.
2. Cette fête était encore indiquée dans le Bréviaire de Paris de l'année 1479 (Funck-Brentano).

Pour les Flamands, le chiffre de 8.000 morts donné par l'Artésien est le plus vraisemblable. Les *Annales de Gand* avouent en effet 4.000 Flamands tués ; mais elles déclarent en blessés la moitié des survivants [1] c'est-à-dire 48.000. La disproportion entre tués et blessés est trop grande pour être acceptée, ou il faut entendre que beaucoup de ces blessés ne tardèrent pas à succomber.

Les pertes des Français en morts furent sensiblement égales à celle des Flamands [2]. Le roi avait, parmi tous les morts, à pleurer la perte de 18 barons et de 300 chevaliers d'un ordre inférieur.

Mais la grande douleur des Flamands, ce qui devait être pour eux un irréparable dommage, ce fut d'avoir perdu leur incomparable capitaine, Guillaume de Juliers. Il avait lancé la grande charge. Il bondissait à la tête des Yprois, excitant leur ardeur par son exemple et l'impétuosité de son élan. Mais il ne put empêcher les gens d'Ypres de suivre les Lillois, les Courtraisiens et les Gantois qui abandonnèrent le champ de bataille, et il ne conserva autour de lui qu'une faible partie de son contingent.

Au retour offensif des soldats du roi, il leur tint tête énergiquement, et il eut recours à la disposition stratégique qui lui était familière et qui lui avait si bien réussi à la bataille d'Arques. Il groupa autour de lui ses soldats en forme de *couronne* [3]. Les pointes des longs godendags étaient tournées vers l'ennemi et sa troupe ressemblait à un gros hérisson de tous points invulnérable. Mais cette manœuvre avait été trop précipitamment improvisée ; le bloc dut manquer de cohésion. Juliers et les siens furent massacrés. Le chroniqueur tournaisien *Li Muisis et Jean de Saint-Victor* racontent que le clerc de

---

1. « *Fere media pars Flamingorum, tam eorum qui cum Johanne recesserunt, quam eorum qui regem fugarunt, vulnerati sunt, vel graviter lesi.* »
2. *Les Annales de Gand* disent 9.000.
3. Corpus Chr. Fl. (*Chr. Comit. Fl.*).

Juliers rendit son épée au comte Renault de Dammartin ; mais que celui-ci se souvenant que les Flamands à Courtrai avaient tué son père, et qu'on les avait vus repousser les épées des vaincus, ne voulut point faire grâce [1]. Le corps du héros flamand fut dépouillé et on lui coupa la tête, qu'on porta voir dit-on, au roi, au bout d'une pique. Toujours est-il que les Français cherchèrent vainement son corps ; on ne sut jamais ce qu'il était devenu.

Ce fut une sinistre nouvelle qui parcourut la Flandre, où elle fut accueillie avec incrédulité. Le peuple ne pouvait croire à la mort de son héros. De longues années encore après Mons-en-Pèvele, écrit le cordelier gantois, on racontait dans les campagnes et les bourgs qu'au fort de la mêlée une main invisible avait enlevé Guillaume de Juliers et qu'un jour, prochain sans doute, à l'heure du danger, on le reverrait dans son armure éclatante, à la tête des métiers de Bruges, les entraîner à la victoire.

Après la défaite, l'armée flamande se débanda en partie ; les artisans regagnèrent leurs foyers. Philippe de Thiette courut s'enfermer dans Lille pour diriger la défense de cette place importante.

L'armée royale demeura deux jours sur le champ de bataille pour ensevelir ses morts. Le 20 août, elle se dirigea vers Lille,

---

1. « Là fu pris li clercs que on dist Guillaumes de Jullei, et estoit très bons chevaliers, et le pris Regnault de Dammartin. Dont requist li clerc de Julers à Renault qu'il le volist recevoir, et Renault lui demanda son nom et il lui dist : « On m'apiele Guillaume dit clers de Julers. » Adonc jura Renaud Dieu et saint George que il ne le metteroit mie à finance, se il lui devoit rendre i j m florins : « Car vous fustes l'un des capitaines le Flamens quant desconfirent le comte d'Artois, lieutenant le roy, et tant de bonne chevalerie devant Courtray et par trayson ; et là fu monseigneur mon père murdris, le comte de Dammartin, pour lequel je ne veuil pas sa char vendre. » Puis sacha sa miséricorde et le frappa parmi le corps. Dont cria-il que on le menast devant le roy et il diroit tel chose dont le royaume vauroit mieux ; et il resacqua le second cop et l'ocist mors. Et en dient beaucoup par parolle que ce estoit grant dommages que il estoit par ceste manière mors. » (*Chronique Tournaisienne*).

en passant par Pont-à-Marcq. Le 24 août, Lille était investie de toutes parts.

Cependant Jean de Namur, parcourant la Flandre, s'efforçait de reconstituer son armée. Il choisit la ville de Courtrai pour point de ralliement. A peine l'armée française fut-elle devant Lille que les assiégés entamèrent des négociations. On convint que la ville ouvrirait ses portes le 24 septembre, si à cette époque le siège n'était pas levé.

Jean de Namur parut à l'est de Lille le 21, et s'établit à l'abbaye de Marquette. Il avait fait faire des tentes neuves, couvertes de drap aux couleurs éclatantes ; l'acier fourbi brillait au soleil ; l'armée avait une magnifique prestance. Le roi de France ne put contenir ce cri d'étonnement : « On m'avait dit que presque tous les Flamands étaient morts, ils sont plus vivants que jamais. » Cependant l'armée française avait reçu un renfort de 40.000 hommes. Jean de Namur, n'osant l'attaquer, demanda un armistice. Cet armistice était trop conforme aux intérêts du roi pour ne pas être accordé. Une trêve fut signée et l'on convint d'envoyer à Paris, dans l'intervalle, des plénipotentiaires pour y jeter les bases d'un traité de paix. Cependant, pendant ces négociations, le jour où la ville devait capituler arriva. Lille ouvrit ses portes, et le roi y ayant laissé une garnison, leva son camp et alla s'établir à Seclin, où il reçut les envoyés des Douaisiens, qui lui venaient apporter les clefs de leur ville. Le lendemain, 27 septembre, il licencia son armée.

Le roi termina la campagne par un pèlerinage à Boulogne où il vint prier, au pied de l'autel de la Vierge, dans l'église Notre-Dame, qu'il combla de privilèges et de présents.

Après la bataille.

La Flandre, à bout de ressources, appelait la paix de tous ses vœux. De Gravelines à Mons-en-Pèvele, les Flamands avaient essuyé une série d'échecs qui avaient altéré la confiance créée par la journée de Courtrai. L'on ne voyait que champs en friche, ateliers en chômage, marchés déserts ; c'était partout la misère noire au foyer jadis prospère ; les trèves furent accueillies avec joie.

Les négociateurs se réunirent à Paris et le 20 février 1305 un avant-projet fut signé. Toutes les villes de Flandre y adhérèrent sans difficulté.

Sur ces entrefaites, le 7 mars 1305, l'infortuné comte de Flandre, Gui de Dampierre, âgé de plus de 80 ans, mourut au château de Compiègne. Robert de Béthune, son fils aîné et successeur au trône, fut mis en liberté provisoire, par le roi de France, avec ses deux frères Guillaume et Gui, et il ramena en Flandre le corps de son père, qu'il fit enterrer dans le monastère de Flines, près de Douai, avec une pompe royale.

Le 23 juin 1305, le traité fut signé définitivement à *Athissur-Orge*. En voici les principales clauses :

L'on donnera au roi 20 000 livres de rente assises en terre au comté de Rethel ou ailleurs, et 400.000 qui seront payées en argent pendant quatre ans, ou 1.200.000 payables en douze ans à son choix ;

500 hommes d'armes lui seront fournis pour le servir pendant un an, aux dépens de la Flandre, partout où il le jugera convenable ;

3.000 bourgeois de Bruges, désignés par le roi, iront en pèlerinage prier aux lieux saints — 1.000 d'entre-eux outre-mer — pour expier le forfait des matines de Bruges ;

Les forteresses de toutes les villes de Flandre seront abattues ;

Moyennant ce, les villes et les habitants de la Flandre recouvreront leurs seigneurs, savoir le comte et messeigneurs Guillaume et Gui. Ils seront dans l'hommage du roi comme avant la guerre, et les villes et habitants conserveront leurs franchises ;

Le roi, après l'exécution du traité, restituera les villes et territoires de Lille, Douai et Orchies que ses armées ont conquis ;

Tous les habitants reprendront les héritages qu'ils possédaient avant la guerre ; toutes prisons seront vidées et tous méfaits pardonnés ;

Enfin les Flamands supplieront le pape de jeter sur eux les sentences d'excommunication dans le cas où ils viendraient à enfreindre les obligations qui les lient.

Les communes de Flandre n'acceptèrent pas ce traité sans récriminations, surtout la ville de Bruges qui, après avoir porté seule, au moment le plus grave, tout le poids de la lutte, se trouvait être la plus frappée. On recommença les négociations qui furent longues. Le roi en vint aux concessions.

Il remplaça les 3.000 pèlerinages par une amende de 300.000 livres. On convint en outre que les fortifications des différentes villes, à l'exception toutefois de celles de Bruges, ne seraient pas détruites, mais resteraient à l'état où elles se trouvaient.

Sous cette forme les villes consentirent à la ratification du traité.

La tranquillité fut momentanément rétablie. Malheureusement elle ne fut pas de longue durée.

La bataille de Mons-en-Pèvele n'eut pas, en effet, le résultat qu'elle aurait dû avoir. Le traité d'Athis, si difficile à conclure, ne fut guère observé.

C'est que les causes de troubles subsistaient tout entières. Les métiers restaient en lutte contre le patriciat ; les villes, rivales les unes des autres. Et malheureusement l'influence du roi de France, que les partis appelaient sans cesse, pour le plus grand bien de la paix sociale, afin qu'il intervînt au milieu de leurs discordes, ne parvint pas à se maintenir. Pendant le XIVe siècle, en effet, les métiers triomphèrent. C'est la main pacificatrice de la France qui était repoussée.

Les métiers font alliance avec l'Angleterre et la Flandre, privée de l'influence de la couronne française, est livrée à la merci de ses passions et des agitateurs. Son industrie, qui ne pouvait vivre que dans la paix, finit par succomber dans le plus affreux désordre.

Si la bataille de Mons-en-Pévele avait porté tous ses fruits, la Flandre, contenue et dirigée par la main puissante de la France, n'eût pas épuisé dans des luttes fratricides les admirables énergies que Dieu avait mises au cœur de ses enfants. Elle eût continué longtemps encore à étonner le monde par le spectacle d'une prospérité sans exemple, comme au temps où ses lois, s'inspirant des principes de la morale chrétienne, s'efforçaient, non sans succès, de faire régner chez l'artisan, avec la vertu, la modération dans les désirs, et chez le patron l'esprit de justice et de charité.

TABLE DES MATIÈRES

	Pages
BIBLIOGRAPHIE	1
CHAPITRE PREMIER. — LA FLANDRE A LA FIN DU XIII° SIÈCLE.	3
Frontières	3
La Flandre vis-à-vis de la France	4
Prospérité du commerce et de l'industrie	8
La lutte des classes	13
Philippe le Bel et Gui de Dampierre	15
Défenses naturelles de la Flandre wallonne	21
CHAPITRE DEUXIÈME. — CAMPAGNES DE 1297 ET DE 1300.	24
Les fils de Gui de Dampierre	27
Les matines de Bruges	29
CHAPITRE TROISIÈME. — CAMPAGNES DE 1302 ET DE 1303.	34
Bataille de Courtrai	34
CHAPITRE QUATRIÈME. — CAMPAGNE DE 1304.	41
Bataille de Ziéricksée	47
CHAPITRE CINQUIÈME. — A MONS-EN-PÈVELE.	52
Après la bataille	74

PLANCHES

I. Le roi Philippe le Bel en costume de guerre, lors de son entrée à Paris après la victoire de Mons-en-Pèvele. Frontispice.

II. Carte des frontières militaires méridionales de la Flandre wallonne en 1304 18-19

III. Carte de Mons-en-Pèvele 50-51

www.ingramcontent.com/pod-product-compliance
Lightning Source LLC
LaVergne TN
LVHW050614090426
835512LV00008B/1479